品味·语文名师丛书

总编 李华平

# 儿童在课堂

汪小容 著

*Ertong zai Ketang*

四川大学出版社

责任编辑:王天舒
责任校对:陈　蓉
封面设计:米迦设计工作室
责任印制:王　炜


**图书在版编目(CIP)数据**

儿童在课堂 / 汪小容著. —成都:四川大学出版
社，2017.11
(品味·语文名师丛书 / 李华平主编)
ISBN 978－7－5690－1289－7

Ⅰ.①儿…　Ⅱ.①汪…　Ⅲ.①中学语文课－教学研究
Ⅳ.①G633.302

中国版本图书馆 CIP 数据核字（2017）第 278752 号


书名　　儿童在课堂
著　者　汪小容
出　版　四川大学出版社
地　址　成都市一环路南一段24号（610065）
发　行　四川大学出版社
书　号　ISBN 978－7－5690－1289－7
印　刷　郫县犀浦印刷厂
成品尺寸　170 mm×240 mm
印　张　12
字　数　211 千字
版　次　2017 年 12 月第 1 版
印　次　2017 年 12 月第 1 次印刷
定　价　44.00 元

◆读者邮购本书,请与本社发行科联系。
　电话:(028)85408408/(028)85401670/
　(028)85408023　邮政编码:610065
◆本社图书如有印装质量问题,请
　寄回出版社调换。
◆网址:http://www.scupress.net

# "品味·语文名师丛书"总序

  名师是时代的馈赠，经历岁月的淘洗，熠熠生辉。江山代有才人出，名师也不断涌现；语文学科因其独特的受关注度、语文教师活跃的才情，更是名师辈出。这是语文学科之幸，是受教学生之幸，是我们全体语文教师之幸。

  "名师"是一个多维、动态的概念。从时间层面来说，古有孔子、朱熹，近有叶圣陶、朱自清，今有余映潮、李镇西；从地域层面来说，北有魏书生，南有钱梦龙，中有洪镇涛；从年龄层面来说，既有年届八十的蔡澄清、宁鸿彬，也有青春靓丽的王君、窦桂梅；从影响来说，既有名满天下、堪为一世师表的于漪，也有名气仅限于一县一乡的夏清尘；从学理与实践的方向来说，既有穷究学理的倪文锦、王荣生，也有执着讲坛的陈文汉、程翔，还有悠游在理论与实践之间的刘永康、李海林、王崧舟。语文名师还有很多很多，上述仅为简单列举，不少名字尽管没有一一列出，但都深深刻在我的心里，时时念叨，满怀敬意。

  山不在高，有仙则名；名气无论大小，潜心教育就行。有人讥讽现在名师"满天飞"，那意思似乎是现在名师太多；不揣冒昧，其言下之意，不过是觉得他人均不过尔尔，自己才是真正的名师，一坛酸气，远近可闻。其实，我们这个社会名师太少，对名师的宣传更少。我们不要用一把尺子量名师，正如不能用一把尺子量学生，关键是他们真正爱教育、爱学生、爱语文——深入骨髓的那种爱，风吹雨打、病痛灾难不夺其志的那种爱；关键是我们该怎样向他们致敬，向他们学习。我曾经在《语文名师精彩教学片段品析》一书后记中这样写道：

  2011年正月十二，我正在办公室，接到于漪老师从上海打来的电话，她对《走向深处：语文新课程教学100问》一书给予了高度评价，对我们所做工作给予了充分肯定。在言语中，她表达了对语文教育的拳拳关切，对语文教师的殷殷期望。82岁高龄的前辈大家，都还在为语文教育、语文教师忧虑、呼吁，作为晚辈的我们，还犹豫什么呢？同样82岁高龄的我的启蒙老师——四川省渠县义和乡小学退休教师夏清尘老师，直到70多岁还在应乡亲之邀教孩子们学语文，直到近年生病无法继续上课才停止；更传奇的是，他生的病也与语文有关——半夜三更爬起来教语文，以至于被柱子、墙壁碰得鼻青脸肿（这就是人们常说的"夜游症"）。尽管他的名气仅限于一县一乡，但其将语文爱到骨头里、爱到梦中的赤诚，与名满天下的于漪老师何异？比起老一辈，我常常感喟不已、自叹不如。现在，我唯一能做的，就是让语文融进血液，为语文多做点事情……

基于此，拟主编一套"品味·语文名师"丛书。主体不限，对象不拘，范围不囿：品味语文名师教学思想的可以，品味语文名师课堂教学的可以，品味语文名师人生情趣的也可以；或者，语文名师品味教学思想的可以，语文名师品味课堂教学的可以，语文名师品味人生情趣的也可以。唯一的门槛是必须拥有对语文的一腔赤诚，对语言文字的足够敏感，对语文教育专业化的自觉追求。

读这些书，也当以品味的姿态：香茗一壶，咖啡一杯，细啜慢饮，或于一个冬日的午后，披着阳台上暖暖的阳光；或于一个春日的早晨，伴着满园子鸟语花香。所谓"宁静致远"，"宁静"是一种心境、一种氛围，要"致远"则还要有所凭借——摆在您面前的这些书就是很好的选择。我的办公室堆满了书，坐拥书城的实足感、富足感、满足感真是无与伦比。而每个可以细数的光阴，有名师们相伴，与他们谈心，听他们聊语文，看他们指点江山、激扬文字，那每一张熟悉的面庞都向您讲述教育的真谛，讲述语文的趣味，当是何等的快意人生！

就这样，我们一同度过这个收获的季节，一同迎接下一个收获的季节！

细细品味，太阳每天都是新的！

李华平

2017年6月30日

（李华平，四川师范大学教授，文学院硕士生导师；中国高教学会语文专委会教师教育研究中心秘书长，全国语文学习科学专委会副理事长，中国语文报刊协会课堂教学分会副会长；教育部"国培计划"专家库成员，教育部国培方案评审专家，基础教育国家级教学成果奖评审专家，中央组织部"万人计划"国家级教学名师评审专家；首倡全国"正道语文"活动。）

# 丰满的真实

李华平

窗外阳光暖融。

一缕斜阳穿越冬日的枯枝莅临我的书巢。

其时我正侧目注视着书架上的老子庄子里尔克等各路豪杰下榻我小小的办公室，或缄默不语低头沉思，或滔滔不绝长篇大论。大师们言辞犀利思维活跃，把随性堆砌的文字演变成一条条河流，各自奔涌，一路向前。我冷眼旁观，好不快活。邮件信号闪烁，一段文字映入眼帘：李老师，这是我之前跟您聊起的书稿，麻烦您有空看一看。

这是汪小容老师的书稿。前一段时间她跟我聊起自己的一些教育心得，在与她的聊天中我感受到她对教育的独特思考，同时也被她执着于教育的情怀所感染。她说，这么些年，也积累了一些感受和心得，希望能有机会让我给指点指点。我说，好呀，一名好老师不光能使课堂活色生香，更要有意识地将自己平日所思所感记录下来。唯有记录，才能将过往得失留存下来，才有机会琢磨、比较、修正、弥补，从而推动自己朝着更光亮的方向走去。

想到这里，我点开了书稿。开篇就是一份实录，一份实实在在的解读教材的实录。它呈现了一名优秀老师是如何如庖丁解牛一般解读教材的。通过解读教材最能看出老师的教研水平。它既要有对教材整体思路的把握，又要有对关键要素的重视，还得抓住文字本身蕴含的意思。从宏观的人文性到微观的工具性，所有的核心要点，通过一个看似平淡的问题囊括其中，然后如一条铁路线，老师将其所有重难点串接联系在一起，一路突破。对于一名普通的老师来说，这是一种难能可贵的创新和探索。而这种创新和探索，成就了汪老师独特的教学风格，成就了她极具个性的教育理解能力。仅从解读的角度和宽广度，我们就可感知作为语文老师的她，对待教材的严谨又开放的态度。

都说文本是教学的例子，似乎例子可以随意处置。其实不然，既然是例子，就有作为例子的典范作用，我们就须得关注例子带给学生的引领和指向。编者选择范例时，总是特别凸显此例子典型的特征，以期能够帮助老师和学生突破那些特点鲜明的重难点。所以，用好例子是当下老师的基本功之一。汪老师的文本解读对于例子的运用无疑起着范式的作用。特别是对于各种教案不离手的年轻教师来说，解读文本是备课的核心环节，细细琢磨，或许你能从中得到很大启发。

文章一篇一篇地往下读，我越读越觉得有意思，就像浏览小说一般。读完整本书稿，我竟有些兴奋，无论翻阅哪一篇，都发现其间的处理方式和我设想的不太一样。正如小说结局，既在情理之中又在意想之外。不管是教学实录还是教育叙事，我都能从中发现贯穿始终的关键词——思辨。思辨是对各类事物、现象和观点的追问、辨别、对比、剖析。思辨是当下的流行词，每个人都恨不得和它能沾上一点儿边。就我个人来看，思辨不光是一种思维方式，还理应成为老师下意识的一种思维训练模式。如果把语文简单地看作字词句段篇的训练课程，以抄抄写写考查基础知识，以阅读认知感悟作者表现内涵，以写作反刍阅读理解水平，认为这就是语文教学的全部，我觉得这是对语文教学的误解。当下我们的学生逻辑思维匮乏，表达创意肤浅，也是与一些老师对语文教学认知的误区分不开的。

所以，不管是在文本解读上还是课堂教学中，不管是对学生个别问题的处理还是对某些问题的思考，汪老师都坚持全面深刻地挖掘事物的本质，还原表达本原。在和学生聊小龙虾的传闻时，她带着学生一起找到传闻背后的推手。在此过程中，学生明白，新闻也好，广告也好，都不是我们表面看到的那么简单直白，从而教给孩子客观评价事物和现象的能力。上《大自然的秘密》一课，老师和学生一道，扒开层层覆盖的文字，理顺动物、植物和人类盘根错节的勾连，挖掘出大自然无处不在，却又被人们视而不见的秘密——事物之间有关联、有冲突，也有平衡，人类的干涉就是对平衡的破坏。顺应自然就是大自然的秘密。

一切都需顺应自然。教育也该如此。背着书包赖在教室外面的小男孩，老师不知他为何不进教室。没关系，顺应孩子需要，他愿意进去的时候再进去，老师只需体贴地将书包放进座位即可。和母亲大吵一架，非要趴在桂花树上和母亲对峙不可的小胖墩，老师只说了一句话，如果你觉得待在树上舒服，你尽可以趴在树上。孩子乖乖跳将下来。炎热的下午，老师故意把"你好"说成"再见"，逗得孩子们哈哈大笑，教室里的昏沉氛围一扫而空。对孩子青春期的引导，老师用了一棵树来做比拟，难以启齿的障碍就此消融化解。这些何尝不是对自然的顺应？

其实，这种顺应就是老师的教育机智。那么汪老师的这种机智从何而来，对此我很好奇。在这本书中，我找到了答案。

从2007年开始，她记录了长达7年的班级日记，每天都将自己的所做所得所思所感记录下来，这样的坚持是一般人不敢尝试的。最重要的是记录之中包含着她不断的思考和反省，不断的寻找和弥补、发现和充实。对每天的言行做客观的剖析，对每一节课的不足进行适时的补缺，这是一名优秀老师的必经之路，是难能可贵的成长。我为汪老师的努力和付出鼓掌喝彩！

努力不一定有相应的收获，但不付出肯定一无所获！汪老师一路折腾过来，一路斩获多多，一路走向成熟、走向自我。在广大的一线，我知道有很多像汪老师这样的老师，他们用智慧和时间垒起了人生的新高度。这些老师都是值得我们敬仰的。

我始终相信，真实的教育能丰满一个人的自我成长之路。

2016年12月

# 目 录

## 教学篇

## 教育篇

教学篇

# 倾听天籁之音

## 倾听心声

这是一篇苏联布霍夫关于儿童成长的小说——《魅力》。蒋一勋先生做了准确精妙的翻译。选择这样的译本作为教学文本，在于它深刻地反映了儿童成长过程中的迷茫和不解，也是我们成人需要关注儿童成长的原因。

【文本】

## 魅 力[1]

［苏联］布霍夫著　蒋一勋译

今天是第一次带卡佳上剧院。

打从早上起，她便在屋子里踱来踱去，头上别了个天蓝色的大花结，神情是那样的庄重、严肃，父亲忍不住想在她那散发着香味和孩子气息的细脖颈上吻上一吻。

"我们走吧。"好不容易等到晚上六点钟开灯的时候，她说，"要不，别人都坐上了位子，我们就找不到地方坐了。"

"剧院位子都是编号的。"父亲微微笑了笑说。

"是对号入座？"

"是的。"

"那别人也快坐好了。"

---

1 选自《新语文读本》第九册，南宁：广西教育出版社，2011年，第30页。

她的眼神是那样的焦急，父亲不得不在开演前一个小时便带她出发了。

父女俩第一个走进了剧场大厅。枝形吊灯、镶着红丝绒的包厢座位、若明若暗地闪动着光泽的大幕，使她那颗隐藏在咖啡色外衣下的幼小心脏似乎一下子停止了跳动。

"我们有票吗？"她怯生生地问。

"有的，"父亲说，"就在这儿，第一排。"

"有座号吗？"

"有座号。"

"那我们坐下来吧。要不，你又会像上次在公园里那样把我丢掉的。你准会。"

直到戏开演前的一刹那，卡佳还不相信幕布真的会启开来。她觉得，现在所看见的一切足够她记住一辈子啦。

可是灯光熄灭了，周围的人立即安静下来，没有人再把戏单弄得哗哗响，也没有人再咳嗽。幕，启开了。

"你知道今天演什么？"父亲轻声问。

"别出声。"卡佳答道，比父亲声音还要轻，"知道。《汤姆叔叔的小屋》。我读过这本书。讲的是买卖一个黑奴的故事。一个老黑奴。"

从舞台上飘来一股潮味和寒气。演员们开始用一种木呆的声音读着早已腻烦的道白。卡佳抓住座椅的扶手，沉重地喘息着。

"喜欢吗？"父亲慈祥地问。

卡佳没有吱声。值得回答这样一个多余的问题吗？

第一次幕间休息时她蜷缩在那张大椅子上，不住地轻声抽泣。

"喀秋莎，我的小女儿，你怎么啦？"父亲关切地问，"你干吗哭，傻孩子？"

"他们马上要卖他了。"卡佳噙着眼泪说。

"要卖谁了？"

"汤姆叔叔。卖一百块钱。我知道，我读过。"

"别哭，卡佳。人家都在看你。这是演戏，演员们演的。好了，我给你买一个蛋糕，好吗？"

"奶油的？"

"奶油的。"

"算了，"她脸色忧郁地补充说，"我哭的时候不想吃。"

她愁眉苦脸地坐在那儿，一句话也没有说。

"这孩子有点毛病。"邻座一个秃顶的男人一边嚼着果汁块糖，一边不满地说道。

"这孩子第一次上剧院。"父亲悄悄地赔不是说。

下一幕开始了。汤姆叔叔被拍卖。

"现在开始拍卖黑人汤姆。一百块钱！谁愿意给个高价？"

忽然，像是一股细细的、如怨如诉的水流，从第一排座位上冒出来一声铮铮作响的童音：

"二百。"

拍卖人放下了小木槌，困惑地望了望提台词的人。站在左面最前头的一个不说话的配角笑得打了个嗝儿，躲到侧幕后去了。"汤姆叔叔"本人用双手蒙住了脸。

"卡佳，卡佳，"父亲吃惊地抓住她的手，"你怎么搞的，喀秋莎！"

"二百，二百块！"卡佳嚷道，"爸爸，不能把他卖掉！……好爸爸！……"

秃顶邻座把戏单往地上一扔，低声斥道：

"我看这孩子是有毛病！"

后几排的观众开始探究地伸长了脖子。爸爸急忙抱起卡佳往出口走。她紧紧地搂住他的脖子，一张泪汪汪的脸颊贴在了父亲的耳朵边。

"喏，这场戏看得好。"走进休息室时爸爸生气地说，他两颊通红，十分狼狈，"你这是怎么啦！"

"汤姆叔叔真可怜。"卡佳轻声答道，"我不再这样做了。"

父亲瞥了一眼歪在一边的大花结和挂在眼角上的一行泪，叹了一口气。

"喝点水吧。你要愿意，我马上带你去看看他。想看汤姆叔叔吗？他正坐在自己的化妆室里，好好的，并没有被卖掉。想看吗？"

"带我去吧。我想看。"

观众已经吵吵嚷嚷地从演出厅涌向走廊和休息室。大家都笑着在谈件什么事情，父亲慌忙把卡佳带到走廊尽头的一间屋子。

扎波利扬斯基已经用厚厚一层凡士林抹去了脸上的黑颜料。他的脸变得又胖又红，再加上扑粉，看起来活像一个小丑。刚才扮演拍卖人的那位叔叔正忙乎着系领带。

"您好，扎波利扬斯基。"父亲说，"喏，瞧吧，卡捷琳娜，这不就是你的汤姆叔叔吗？好好瞧瞧吧！"

卡佳睁大眼睛朝演员的那张满是扑粉的脸望了望。

"不对。"她说。

"哦，"扎波利扬斯基呵呵大笑起来，"真的，我真的是……要不要我给你表演黄鼠打哨？"

不待她回答，他便打了一个长长的呼哨，可一点也不像黄鼠。

"喏，怎么样，"刚才的那位"拍卖人"打好蝴蝶结后问，"现在可以把他卖掉了吧？"

卡佳两眼的火光熄灭了，她既忧伤，又失望地说："卖掉吧。"

## 我与《魅力》之渊源

2012年暑假，我在第一线原课堂第五次教育年会上执教《魅力》一文。课后，我遭到了来自南京的楚笛老师炮火猛烈的袭击："汪老师，我对你的这节课非常失望。我觉得你完全没有抓住课文的重点。课文的重点应该是说文中的小女孩因为书的魅力而大哭，因为她对汤姆叔叔的爱……"

噼噼啪啪的话语像鞭子一般抽打在我的脸上，刚才还晴朗无比的天空顿时风云突变，我的脸一定像被泼过红墨水一样难堪。是的，还有比这样的评价更让人受不了的吗？没有抓住课文的关键，对一名语文老师来说可是致命的打击。我觉得那一刹那天塌地陷。

从"审问席"上下来，我不知道自己是怎么回到座位上的。回想着老师们咄咄逼人的追问，我很揪心。我决定把最疼的地方尘封起来，提醒自己不要去碰触，不要去想，最好忘掉它。可很多事就是这么奇怪，你越不去想它，它就越要跑出来，跑到你面前张牙舞爪，一刻不停地啃噬着你，让你疼到骨子里。刚开始的几天，我吃不下睡不香，不敢回顾那一天发生的事。我害怕听到"原课堂"三个字，特别害怕看到"魅力"二字，甚至连《读写月报·新教育》杂志我都不敢瞥一眼，更别说正经地阅读了。

　　上帝似乎看透了我的内心，对我倍加关照，以至于我暑假的后一段时间特别忙碌：陪着孩子外出旅游，跟着先生学习摄影，忙着和朋友满世界喝茶瞎聊……整个人每天都在稀里糊涂地过着。很好。我几乎忘了原课堂曾经存在过。要不是我的床头赫然放着的几本《读写月报·新教育》，我觉得我可以假装一切都不曾发生，就这么自欺欺人地过下去。

　　现实往往不以人的想法为转移，它像一只小小的乌龟，在你最没有防备的时候伸出小小的嘴巴，咬你一口。这不，我自觉内心逐渐走向平静、心情慢慢平复的时候，一条短信又让我的神经紧绷起来。8月中旬，我收到了一条怪怪的短信："老师，我想和你讨论一下《魅力》，不知是否有空？"这《魅力》难道真是魅力无限，阴魂不散地纠缠着我？自从经历了原课堂风波之后，我对电话和QQ都有点过敏，总是不由自主地紧张和神经质。再仔细地看显示的电话号码，我有点忐忑：这个号码有点熟悉，好像我在哪儿见过，是哪位老师的？好像是窦桂梅老师的吧。7月，窦老师要在原课堂上展示她的《牛郎织女》，主办方安排我班孩子来上，预习单的后面就有她的电话号码。哪有这么巧的事，我一个普通老师，她怎么会有我的电话号码？

　　转念又一想，这位老师要和我探讨《魅力》，为什么呀？我心里有如十五只吊桶打水，七上八下。难道她觉得我暑假遭遇的一切还不够惨，还要居高临下地训导我一番？想到这里，那种熟悉的疼痛感又回到了我身上。我想逃，逃得越远越好。不行呀，我不能永远趴在《魅力》的阴影下，我得回到阳光里，扫除阴霾才行。批评有什么了不起，人无完人，谁都有遭遇滑铁卢的时候，一次失败算不了什么。

　　自己"阿Q"了一回，疼痛感似乎减轻了一些。收拾情绪，我紧紧地握住手机，战战兢兢地给对方回了一条短信：老师，请问您有什么事情吗？对方可能正忙，传过来一条简短的回话：等一会儿我打给你。我静静等待。越等心越慌，越等心越乱，恨不得钻过电波，伸出脑袋去瞧瞧这个神秘人物的真面目。

　　一个念头掠过我脑海：何不找主办方老师问问，或许他知道个中情况？随后我抖抖索索拨通了主办方老师电话。老师得知我的焦虑，一阵爽朗笑声过后，他告诉了我事情真相：窦桂梅老师觉得《魅力》这篇课文选得特别好，特别有意思，她想和你聊聊这篇课文。有了主办方老师的交底，我绷紧的神经顿时松弛下来，整个人也一下子放松了。幸亏不是冲着教训我来的，还好还好。

不久窦老师打来电话，她说，她回去又细细地研读了《魅力》这篇课文，觉得这是一篇少有的富有童趣的文章，值得孩子们阅读，还问是谁向我推荐了这篇文章。我说自己。她夸赞我眼光独到。话题一转，她问我，为什么会选择这样一篇文章。我答：我觉得这篇文章写的就是孩子，它符合儿童的年龄特征，而且文章很有张力。窦老师说，现在北师大版本和人教社版本都已经难寻这样的好文章了，她希望我找机会去他们学校重新上这一课。临挂电话前，她叮嘱我，一定要重新解读教材，过几天把教学思路发给她过过目。

想到窦老师能提供这样的机会，我心里涌起一种冲动，一种再次细读文本的冲动。于是我马上找出被藏匿一边的《魅力》，再次认真阅读起来。

经过两三天反复阅读、思考和推敲，我形成了下面的文字，也算是我对文章的重新解读吧。

# 《魅力》解读

## （一）文章的整体把握

这是一篇写事的文章，也可以说是一篇小说，讲述了一个叫作卡佳的小女孩在爸爸的陪同下观看了一场戏剧——《汤姆叔叔的小屋》，以及观剧过程中卡佳从期待、忘我到失望、忧伤的情感变化。本文通过写事来揭示一种社会现象：卡佳有着成人没有的纯真、可爱与同情心，阅读让卡佳学会了欣赏《汤姆叔叔的小屋》，欣赏艺术。孩子是优秀的，同时也是孤独的。孩子的世界是作为成人的我们无法理解的，他们对真善美的感知和纯粹的精神世界让我们汗颜。这篇文章极大地讽刺了世俗的、自以为是的大人们。

本文的线索有两条：明线，呈现卡佳在戏前、戏中、戏后的情感和心理变化；暗线，展示成人自以为是的世界观以及对待孩子粗暴的情感态度。

## （二）文章的主要写作方式

1. 大段的对话描写

本文通过对话推动故事情节的发生、发展、高潮和结局。

2. 巧妙使用过渡语言

巧妙使用过渡语言使故事的发展过程显得紧凑、严密，体现了作者高超的文字驾驭能力和超强的建构水平。比如第十五自然段"直到戏开演的一刹那，卡佳还不相信幕布真的会启开来"，第二十二自然段"第一次幕间休息时她蜷缩在那张大椅子上，不住地轻声抽泣"等，既承接上文，同时又为下文做好了铺垫，还悄无声息地点明了时间，推动故事发展。

3. 大量的短句对话

大量短句使得对话既精彩好玩又贴近儿童与成人的现实，还表达出人物的不同观点和主张。

4. 对比

文章中出现了许多对比。如父亲的情绪变化：看戏前的微笑，看戏时的担忧，看戏后的生气；卡佳从急切等待到轻声抽泣，参与拍卖时忘我急迫，来到后台后失望、忧伤，这是纵向的对比。卡佳的全心投入，秃顶男人的漫不经心，父亲的无所适从；演员的木呆腻烦与卡佳的沉重喘息；等等，这是横向的对比。

5. 其他还有如反衬（第十九自然段）、点面结合等

### （三）文章的题目《魅力》以及关注重点

1. 关于主要人物卡佳

（1）卡佳的可爱。卡佳是本文的主要人物，她对《汤姆叔叔的小屋》一书的内容非常熟悉。从她看戏之前的"庄重、严肃"可以看出，她非常尊重这部作品，对主要人物汤姆叔叔更是尊敬有加。其实卡佳早就知道剧情的发展线路，所以当她知道自己要去看《汤姆叔叔的小屋》时，她的表情"庄重严肃"，幕间为即将进行的拍卖"轻声抽泣"，戏后为自己的大声嚷嚷道歉，都体现了卡佳的孩子气。父亲希望能用奶油蛋糕转移卡佳的注意力，卡佳思忖片刻后，拒绝了父亲的诱惑，她说"我哭的时候不想吃"，这在我们听来是典型的孩子话。这些正展现了卡佳的可爱之处。

（2）卡佳的纯真。卡佳明知他们是在戏院看戏，也知道台上表演的都是假的，可她还是不可遏制地为人物的悲欢离合而哭泣、伤心，从而下决心要把"汤姆叔叔"拍下来，给"汤姆叔叔"自由，害怕"汤姆叔叔"被庄园主买走。她不由自主地渴望能尽自己的微薄之力帮助"汤姆叔叔"改变现状，为此宁愿支付超出一倍的价钱。卡佳的心灵是多么清澈透明呀。

（3）卡佳看戏时的投入。文章很清楚地表明演员们对工作的敷衍态度："用一种木呆的声音读着早已腻烦的道白"；剧院的环境也不怎么样："从舞台上飘来一股潮味和寒气"。可是，卡佳仍然"抓住座椅的扶手，沉重地喘息

着"，而且后来迫不及待地出两百块钱想买下"汤姆叔叔"。这些情节都清晰地说明了卡佳看戏时的专注与投入。

卡佳看戏时的投入与演员的表演形成极大的反差。作者借此告诉我们文字背后的含义：卡佳忘情观看的其实并不完全是戏剧，更多的是她自己通过阅读，让《汤姆叔叔的小屋》这个故事加上自己的理解和想象深深地进入她的内心世界，使小说中的人物在她脑海里活灵活现地存在着。卡佳在看台上的表演时，脑海里同步推出她阅读时呈现的画面。文字、文字形成的画面加上演员的表演，三层叠加使得卡佳观看的戏剧故事情节更为生动，人物形象更加丰满，卡佳的内心所受冲击更大，感受就更为强烈。

2. 次要人物及其作用

卡佳的父亲是一个值得探讨的人物。他重视孩子的感受，看戏之前，他很认真地回答卡佳的每一个问题，为了卡佳"不得不提前一个小时从家里出门"；看戏时，发现女儿因为"汤姆叔叔"而哭泣，他赶紧安慰女儿并转移话题。这些都体现了父亲对女儿感受的关注。后来，女儿参与拍卖，受到邻座的呵斥，剧院观众"引颈观看"。出于保护女儿的本能以及维护自己面子的需要，生气的父亲悄悄地出来，并带着卡佳来到后台，直到最后把孩子"沉湎其中不能自拔"的情绪拔了出来。

从某种程度上看，他应该是一个比较优秀的家长，因为他了解女儿的需要并且能耐心指导。但年龄上的差距和阅历上的不同，导致他们看待问题的角度不同。尽管父亲努力试图理解孩子，可他在看待女儿的一些举动时仍不能设身处地从女儿的角度去看待，不能理解孩子的想法和感受。

秃顶男人嚼着果汁块糖，粗鲁地训斥卡佳，表现出对孩子的极度不理解。这样的人物在现实生活中大量存在。他们上剧院是出于消遣，看什么内容并不重要，能上剧院即可，这让他们自觉很有文化和修养，对于下意识流露出的粗俗他们并不自知。至于剧情、剧中人物，他们早已知道这一切都是假的，都是作者编写、演员表演的。他们只为看而看，所以他们不容易被打动，认为"看戏流眼泪，替古人担忧"；如果有谁因为剧情做出过激反应，在他们看来就是一场笑话，"滑天下之大稽"了。他们觉得自己很清醒，能够不被外在蒙蔽，实则世故、粗俗，内心坚硬，缺乏滋养。

秃顶男人粗俗的举止以及父亲的不理解是为了衬托出孩子的纯洁可爱。孩子没有经历世俗的污染，没有条条框框的约束，显得纯粹和天然。父亲和秃顶男人既是卡佳行为发生的见证者，也是天下父母与世人的形象代言人。

3. "魅力"的阐释

魅力即很能吸引人的力量（《现代汉语词典》）。我们平常口语表达为"吸引力"。

"魅力"一词出现在题目中，可是找遍全文，文章自始至终都没有再次提到"魅力"一词。仔细阅读琢磨，我认为它表现在以下几个方面：

（1）"打从早上起，她便在屋子里踱来踱去，头上别了个天蓝色的大花结，神情是那样的庄重、严肃"，由此可以看出卡佳因为提前读过《汤姆叔叔的小屋》一书而熟悉书中故事，被这本书中的汤姆叔叔优秀的品质深深地打动。卡佳热爱汤姆叔叔，也同情汤姆叔叔的悲惨遭遇，所以她想到能够进剧院重温这个故事就非常激动，高兴得坐立不稳、度时如年。这是文字魅力的体现。

（2）在观看戏剧的过程中，她面对演员"木呆的声音""腻烦的道白"居然也能够如痴如醉，这是书籍、想象加上表演带来的魅力，三者产生强大的共振使卡佳情不自已。虽然表演者不投入，但是这个故事在卡佳的心目中仍然光芒不减。

（3）故事高潮出现在卡佳要用"二百块"参与拍卖，这充分体现了剧中人物"汤姆叔叔"的人格魅力（汤姆是一个基督教徒，他有着基督教徒的一切优点：能干、有责任心、善良、忠厚老实、有坚定的信念、同情弱者）深深地感染了卡佳，让卡佳情愿出很多的钱买下"汤姆"，并且渴望"汤姆"从此过上普通人的自由生活。这时的卡佳在文字的魅力与自我内心情感（她自己并不知情）的相互影响下，形成了新的理解，同时剧院创设情境表演的真实性带给卡佳内心巨大的冲击，使得卡佳最终忘掉了自己，成为事件的见证者，成为故事发展的一部分。

（4）剧院本身也有一定的魅力。对于"第一次"进剧院的卡佳，剧院的"枝形吊灯、镶着红丝绒的包厢座位、若明若暗地闪动着光泽的大幕，使她那颗隐藏在咖啡色外衣下的幼小心脏似乎一下子停止了跳动"，把她给镇住了，"她觉得，现在所看见的一切足够她记住一辈子啦"。"我们有票吗？"她这怯生生的一问，让我们看出了她当时被剧院的整个氛围所震撼，有些手足无措。

（5）卡佳本人也是有魅力的。这是我们读完整个文本之后获得的新感受。卡佳可爱的模样、专心看戏的神情、同情弱者并不顾一切去施予帮助的心思以及她去后台看演员的好奇心，都在告诉我们，她的可爱与纯粹就是她的魅力所在，她对故事和人物的理解远超其他人。

4. 关于"第一次"

文章一开头就说"今天是第一次带卡佳上剧院"，清楚明白地告诉我们这是"第一次"，也暗示了在这个第一次中一定会发生我们意想不到的故事，为下文故事的展开做好铺垫。

说到"第一次"，孩子们总是有很多话可说，成长的过程有时候就是不断与第一次遭遇的过程，也是不断在"第一次"中收获经验、吸取教训的过程。我第一次上"第一线课堂"也是如此。如果我们周围的人能够帮助孩子正确利用"第一次"，孩子们一定会有更丰富的独特感受，享有专属自己的人生经历。

## （四）资料补充

1. 基督徒

基督徒指一个信奉耶稣为基督或信仰耶稣教义的人（《现代汉语词典》）。现在常指某人带有宗教色彩或有高的道德标准，而不只是一个真正的、重生的、耶稣的跟随者。一个真正的基督徒是认罪悔改，只相信耶稣基督的人。他们的心不是盲从一个宗教、一套道德标准或是几条清规戒律。一个真正的基督徒标准就是：爱人如己并遵守神的话语。汤姆叔叔就是基督教徒的典型代表。

2. 关于成人

《小王子》里面有很多对大人说的话，我都觉得很经典。比如秃顶男人为什么要骂卡佳有病？这就如书中所说：大人常常什么都不明白，他们不知道箱子里装着一只小绵羊，不知道"那个草帽"其实是"一条蛇吞了一头大象"，他们只知道用数字衡量一切事物的价值，他们重视外在的他人感受，重视别人眼中的自己是什么样，不在意自己的内心。《魅力》中的成人不知道为什么卡佳哭得这么厉害，不愿意去探究其中原因，总是觉得自己就是对的、正确的，他们活在自己的"星球"里。文中秃顶男人第一次呵斥卡佳之后发现卡佳没什么改变，于是第二次扔掉戏单大发脾气，真是应了《小王子》里面的那句话——"大人需要孩子对他尊重"。嘿嘿，可怜的大人！

## （五）预设学生可能会产生疑惑的问题

1. 汤姆叔叔的什么品质深深打动着卡佳？

汤姆叔叔善良、能干、虔诚，为他人着想。他有很多次逃走的机会，可是他从没有想过不负责任地逃跑。他不愿意让他人为难，哪怕生活再痛苦，他都坚持留下来。他坚信，万能的上帝了解他，他离开人间是为了升入天堂。他的手很巧，能为小孩编制很多小玩意儿，给孩子们学动物的叫声。他虔诚相信上帝，宁愿死也不向残暴的农场主低头等。

汤姆叔叔有这么多优点，第一次被卖的时候，他明明提前知道消息，为什么不跑呢？在摘棉花的农场里，汤姆可以获得轻松的工作职位，他为什么却偏不低头，难道汤姆不懂得"留得青山在，不怕没柴烧"？

这正是汤姆叔叔难能可贵之处。如果汤姆叔叔像他人一样跑了，就会把贩卖黑奴的人激怒，谢尔比先生（汤姆的第一个主人）就无法还钱给黑奴贩子，只能选择破产。他们一家人和其他黑奴就会遭殃。汤姆用自己的肩膀担起了这副重担，其他人就得以解脱出来。

反正这个家又不是汤姆的，他何必如此在意呢？

这正是我们今天很多人缺乏责任感的想法。很多人在多数时候想的就是"反正这跟我的利益无关，只要不伤害到自己，怎么着都行"。大家都只关心自己的眼前利益，这个社会就会变得可怕。每个人都会变得惶恐不安，担惊受怕。

为什么人们会担惊受怕？

当每个人都只想到自己的时候，为了获取利益、避开伤害，人们常常会不计成本、不择手段，比如有些人为了自己挥霍不惜开枪杀人，人们见到乞丐再也不伸出援助之手……最终，每个人都是受害者。

2. 演员演得这么差为什么卡佳还哭得那样伤心？

其实卡佳是将演出的剧情和她脑海里的图像融合在了一起。文字图像加上现场演绎的真实场景，让第一次看剧的卡佳不能自拔，深深地陷在自己编排的剧情里，忘却了周围的一切。她仿佛就站在汤姆叔叔的身旁，看着一切发生，却无能为力。

我想，卡佳在家里看书时一定也为汤姆担忧、揪心，可是卡佳只能远远地旁观，无法用自己的力量去帮助汤姆。所以才出现了卡佳在剧场里不能自已地大喊大叫，恨不得马上为汤姆叔叔解除痛苦的情景。这也是汤姆叔叔身上巨大的人格魅力使然。

3. 为什么同样的剧情，卡佳哭得那么伤心，秃顶男人却还骂她呢？

卡佳内心柔软，富有同情心，对汤姆叔叔的遭遇，她感同身受，观剧过程中她已经忘掉自己身在剧院。而秃顶男人只是把看戏剧视为消遣，根本没有将情绪融进戏剧中，他不在乎人物的处境，内心冷漠。

为什么这个秃顶男人如此冷漠？难道他没有同情心吗？

他觉得卡佳在剧院哭、大声嚷嚷影响了他看戏：不就是汤姆被卖嘛，哪值得如此大呼小叫？像《小王子》里说的那样，大人只晓得用数字衡量一切价值，对其他一切都不在意。他们更无法理解帽子"是一条蛇吞了一头大象"，不在意事物的内在联系和关系，不懂得驯养对于人的重要性。

也许他曾经很有同情心，却为此被人嘲笑过；或许上过当受过骗，从此以后他不再相信他人，心渐渐变硬了；或许他觉得这压根儿就是演戏，距离生活很远，不需要同情；甚或他觉得生活就是一场戏，每个人都在表演着自己的节目，无需去同情别人，也无需去关注别人，他已经变得麻木。

怎样才能避免成为像秃顶男人这样的人？

在成长过程中，我们会不断遇到让人悲喜的人和事，我们要始终对他们保持一份兴趣和激情。不要认为有些东西我们可以经常看到而不在意，不要以为很多事情我们曾经经历过就可以忽略，其实每一次的经历都不会完全相同，感受也不会完全一样。我们要始终保持一颗童心、一颗好奇心，对待弱者要有同情心，要及时伸出双手，哪怕我们时常都被骗，也要相信总有弱者获得过我们的帮助。只有不断丰富人生经历，我们的生活才会更有滋味。

还可能会有其他问题，我就不一一呈现假设。

# 回归讲台

做好了准备，9月26日，我站上了清华附小的讲台。窦桂梅老师和她的团队成员（包括特级教师王玲湘等人）都走进教室来听课。这是对我莫大的鼓舞。

上课伊始，孩子们以小组的方式提出问题，然后我和孩子们一起对问题进行梳理归纳，最后剩下四个问题：

（1）这篇课文是什么体裁？

（2）课文的题目为什么叫作"魅力"？

（3）为什么文章最后写"卡佳眼里的火光熄灭了，她既忧伤又失望地说，'卖掉吧'？"

（4）为什么卡佳渴望把汤姆叔叔买下来？

看着这四个问题，我们决定从简单问题入手。一个孩子站起来说，这篇文章就是小说，通过叙事来塑造人物形象。我顺便补充了这篇文章的一个显著特点：通过对话推动故事情节发展，所以短句非常多。

接下来，我们从了解汤姆叔叔的人物形象着手，逐步演绎卡佳内心的挣扎与纠结：

汤姆叔叔生活的时代背景—发生在汤姆身上的事—汤姆叔叔是不是很傻—汤姆叔叔的责任感—卡佳对汤姆叔叔的尊敬与同情—卡佳看戏前的穿着—看戏时哭泣—忘我地参与拍卖—卡佳希望汤姆获得自由—实现人与人之间的平等（解决掉第二和第四个问题）

为体现卡佳对汤姆叔叔的尊敬与同情，我和孩子们在《魅力》与《汤姆叔叔的小屋》之间一边寻找联系，一边朗读相关的句子。在卡佳看戏前，我们读道：

> 打从早上起，她便在屋子里踱来踱去，头上别了个天蓝色的大花结，神情是那样的庄重、严肃……
>
> "我们走吧。好不容易等到晚上六点钟开灯的时候，她说，'要不，别人都坐上了位子，我们就找不到地方坐了。"
>
> …………
>
> 她的眼神是那样的焦急，父亲不得不在开演前一个小时便带她出发了。

孩子们体会到卡佳对看戏的迫切期待，也看到卡佳是一个多么可爱的孩子，因为要去看"汤姆叔叔"，连表情都显得"那样的庄重、严肃"。

> 对于看戏时的卡佳，我重点创设情境朗读了下面两句：
>
> 忽然，像是一股细细的、如怨如诉的水流，从第一排座位上冒出来一声铮铮作响的童音："二百。"
>
> …………
>
> "二百，二百块！"卡佳嚷道，"爸爸，不能把他卖掉！……好爸爸！……"

　　卡佳不顾一切地呐喊，充分体现她内心的渴望：她多么希望通过自己的努力能把汤姆叔叔解救出来，改写书中汤姆叔叔的悲惨遭遇，让她心目中完美的汤姆叔叔也能够过上自由、平等、幸福的生活。我与孩子们通过情境朗读、体会朗读，使卡佳的急迫与渴望栩栩如生地呈现在大家眼前。

　　接下来本该进行四人小组讨论问题：为什么文章最后写"卡佳两眼的火光熄灭了，她既忧伤又失望地说，'卖掉吧？'"因为时间原因，这部分没有能够展示出来，深感遗憾。我还是试着以我的理解理出相应的答案：

　　　　作为卡佳最亲近的人，父亲对卡佳的指责让卡佳很难过。邻座男人的呵斥既让父亲难堪，也使卡佳深受打击。其他观戏者七嘴八舌的议论、父亲的尴尬，使幼小的卡佳感受到外界的压力。孩子的心是敏感的，不要以为小孩子什么都不懂。父亲为了让卡佳从戏中走出来，让卡佳到后台去看现实的"汤姆叔叔"。卡佳发现演员长得"又胖又红，再加上扑了粉，看起来活像一个小丑"，与心目中的汤姆叔叔相去甚远。卡佳心目中的汤姆形象坍塌了。卡佳回到了现实中来。

　　以上几点总结起来，我们会发现剧院里的卡佳显得既孤独又可怜，她的认识与理解得不到认可，她的举动被认为可笑而滑稽。这是卡佳"第一次"被带到剧院的结果。孩子成长过程中的自我生长就这样被自作聪明的大人们扼杀掉了。尽管小卡佳们拼命挣扎，但这个世俗社会看起来仍无法容忍这样的"非同寻常"之举。所以，卡佳的表现既是对这个汤姆叔叔的失望，也可以说是对这个世界的失望。

　　课毕，窦桂梅老师、王玲湘老师以及学校的其他老师都很激动，他们说语文课原来还可以这样上，课堂上不仅有故事情节的推进，来龙去脉的追问、推敲，还有朗读的展现，语文知识点的理解和梳理。学生在课堂上始终处于积极的思考、探究和反复交锋之中。学生你来我往的讨论、争辩、反驳、补充，使课堂显得生机勃勃，毫无沉冗之累。

　　我默默地听着老师们的评价，心里却很不平静。我知道，这一切来得特别不容易，除了感谢学校领导给了我一次展示修正自我的机会，我还发自肺腑地感激给我平台的窦老师以及话锋犀利的楚笛老师，他们的鼓励与鞭策让我从此在文本解读与课堂教学上都变得谨小慎微。

孩子是魅力天使，我愿陪在他们身边，做一个为他们鼓掌的路人。

## 【课评】

# 儿童站在课堂中央
### ——听窦桂梅老师《魅力》有感

　　一个好的文本总是会得到大家的瞩目。2012年年底，窦桂梅老师重新解读文本《魅力》，并与北大附中高中特级教师程翔一起展开了一次同课异构的活动。与窦老师一起完成这次课堂之旅的是北京市101中学初一（9）班的孩子。

　　"一个孩子，向最初的地方走去，那最初的，便成了孩子的一部分。"惠特曼这句意味深长的话语是窦老师打开学生心扉的钥匙，开课即登场亮相。我却把它当作一艘小船，企图一窥窦老师的教育观，希望能从这句饱含哲理的话语中找到答案。纵观窦老师近两个小时的《魅力》教学，我深刻感受到一个教育者的使命：小心呵护儿童的心，让儿童站在课堂中央。

## 一、听从儿童内心

　　儿童是未来的成人，只有朝向儿童，呵护儿童天性，尊重儿童内心体验，未来的成人才能幸福地生活。在中小学教育中，老师选择什么样的文本，就是引导儿童什么样的成长方向。窦老师，影响无数儿童和一线老师的领跑者、践行者，始终朝向儿童内心召唤的方向。"我们不要让长大的孩子成为另一些糊涂的'爸爸和秃顶男人'，要让他们自己朝着美好的未来走去。"关于选择《魅力》的理由，窦老师如是说。其关注的目光、悲悯的情怀，由此可窥一斑。

　　一个男孩子在开课的质疑环节就敏锐地指出，课文的题目是《魅力》，但是文章为什么从头至尾都没有"魅力"一词，到底谁最有魅力？这个问题可极有深度。我们禁不住为孩子鼓掌叫好，同时也为窦老师捏了一把汗。窦老师为何一定要设置这个吃力不讨好的质疑环节呢？没想到教学进入尾声，窦老师居然再一次把这个提出刁钻问题的小男孩请了起来，询问他对这个问题的看法。从孩子的回答中，我们发现好的课堂对孩子思维能力具有发展、发散作用。老师充分尊重孩子的个体感受，全方位地感知课堂效果，能让课堂变得完整清晰。认真听窦老师上课，我发现她记得每一个孩子曾经提过的问题、阐述过的观点。一位老师，如果不是把所有的心思放在孩子身上，不是始终如一地关注文本对孩子的感召力，怎么能把每个孩子的需要记得如此清楚？难怪窦老师的课像一块永磁，吸引着无数的老师和孩子。他们听从窦老师的引领，而窦老师，则听从儿童内心的呼唤。

只有把儿童的需要融进自己血液的人，才有资格引领孩子向前走去。课堂上，孩子们正在讨论。突然，一件意想不到的事情发生了，靠里坐后边的一个男孩子毫无征兆地吐了，吐了满桌子。窦老师见了，轻轻悄悄地快步走过去，一边倾听一个男孩的发言，组织课堂，一边踮着脚尖镇定地回到讲台前找来卫生纸，为孩子擦拭了嘴和手，让这个孩子赶紧到后台去休息，临走还贴近他耳边叮嘱什么。更令我心动的是，体贴的她担心身边的女生受不住那个味，示意她换位，自己又拿卫生纸将课桌上的泄物盖上。附近的孩子竟毫无察觉。

## 二、遵从课堂召唤

苏霍姆林斯基说，一个好的教师，并不见得能明察秋毫地预见到他的课将如何发展，但是他能够根据课堂本身所提示的学生思维的逻辑和规律性，来选择那唯一必要的途径走下去。思考是课堂伸向远方的原动力，是课堂之魂。从窦老师的这堂课，我们能发现她对思考不遗余力的聚焦。

开课伊始，窦老师就从整体入手，让孩子们有根有据地谈一谈自己对这篇课文的感受。聊到小说的三要素时，窦老师请孩子们凭借《魅力》这个故事的脉络思考情节的基本特征。开放的话题、具体的环境，给孩子们提供了畅所欲言的先决条件。孩子们踊跃发言，从文本内容到表现形式，几乎穷尽了所有内容。正当我感觉课堂已进入无话可说的死胡同时，没想到窦老师话题一转，抛出疑惑：我们既然已经如此了解文本，那我们是不是就可以到此结束教学？看似随意的感慨，却巧妙地启发孩子们去思考：精读课文应该从哪些方面深入？思考的角度从对文本内容的理解转移到对阅读方法的指导，巧妙的质疑起到了四两拨千斤的作用，不着痕迹地对孩子们深入阅读做了绝佳的引领。

贴近文本，是对孩子思维路径直观有效的追踪。对于理解卡佳这个焦点人物，窦老师采用了分层推进的方法：整体感知卡佳这个人物的特点——天真、投入，有主见，有同情心，内心丰富；接着深入人物内心，获得新的认知——卡佳对汤姆叔叔的尊重，她的纯真与温情，推己及人的善良品格、信任和内心的柔软。关联句读的展读感悟让所有的孩子有了进一步深入人物内心的过程，读中悟，悟中读，如放大镜一般不断推进想象与探寻的过程。孩子们似乎都成了正在阅读、观戏的卡佳，内心痛苦而挣扎。

聊到汤姆叔叔，一个孩子提出令他纠结很久的困惑："汤姆叔叔有很多次逃走的机会，为什么作者却要让他死在种植园主格雷里的手中？留得青山在，不怕没柴烧。汤姆叔叔死得不值。"马上有人反驳说，这正是汤姆叔叔的可敬之处……截然相反的观点发生了激烈的碰撞，课堂一下子充满了火药味。窦老师该怎么应对？没想到窦老师作壁上观，让他们继续对话交锋，直至谁也说服不了谁。这时窦老师抛出《汤姆叔叔的小屋》一书中有关"汤姆叔叔"的话语，话题继续深入。最终孩子们通过自己的探究得出结论：汤姆叔叔正是依赖信任的力量才不惧酷刑，不惧死亡。也因为这，卡佳才无法自控地想出"二百元"买下"汤姆叔叔"。深刻而富有哲理的回答让我们长长地松了一口气，又顿悟：只有让孩子循着文字的身影独自去寻找，去追问，去挖掘，思考才有深度，有力量。老师只有听从课堂生成的召唤，才能最大限度地激发孩子探索追问的潜能。

### 三、顺从生命成长

课堂是什么？课堂是生命存在的一种方式，是生动活泼的生活场所，也是生活。任何割裂生活实际空谈知识能力的课堂都是滑稽而可笑的。

课堂上，孩子们准备讨论卡佳为什么在看戏时一再请求买下汤姆叔叔这个问题。窦老师特别提醒孩子们，讨论时一定要链接生活。有了生活经验奠基，孩子们的视野开阔了，发言不仅有根有据、井井有条，而且变得生动而富有哲理。他们说在今天的生活中，像汤姆叔叔一样不怨天尤人，不自暴自弃，信任他人，最后放弃生的机会，献出自己生命的人几乎没有。所以汤姆叔叔是卡佳心目中完美的化身。今天即使同学们愿意帮助他人，能做到像卡佳一样面对众人大声喊出自己内心渴望的人也几乎没有。所以卡佳是勇敢的，是可敬可佩的。而且只有像卡佳那样的小女孩，把书中的人物与现实生活联系在一起，才真正了解汤姆叔叔的高尚品质。听到这里，台下的老师也忍不住小声赞叹起来。

窦老师不仅赋予课堂生活的色彩，还把课堂与未来有机结合起来。有个学生提出，小说好像没有写完，就那么戛然而止了，这是为什么？窦老师来到她面前，问：请你想象故事的结局，如果卡佳长大了，再带她的小女儿上剧院，她会怎么样？学生回答：是呀，那个因"汤姆叔叔"被拍卖而大声嚷嚷的小卡佳，曾直面父亲的责备和生气、秃顶男人的呵斥和观众的嘲笑，她以后会怎么看待书籍与影视歌剧中的人与事？她会不会也如秃顶男人一般对孩子一顿训斥？我们的孩子是未来的大人，我们该用什么样的方式对待我们的孩子？这个问题不仅值得孩子们思考，我们成人更应该好好琢磨。未雨绸缪的窦老师，将孩子们未来的生活与今天的阅读思考紧紧地攥在了一起。话题结束，言犹在耳；教学结束，意犹未尽。

最后，让我们细数《魅力》这节课让孩子们涉猎的内容：文本《魅力》，小说《汤姆叔叔的小屋》，课后推荐泰戈尔的《新月集》、电影《美丽人生》、小说《小王子》。从诗歌到小说、到电影，窦老师紧扣文本，紧贴儿童需求，调动一切可以利用的文化资源，为孩子们在博大的文学宝库中打下了一口井，希望他们借此能汲取其中的养分，滋养未来的人生。哪怕只有一点点儿也受益无穷。

生命是不息的河流，儿童更是未来的希望。社会的发展促使我们老师必须有忧患意识，要自觉自愿地关注儿童的生命成长。听窦老师的课，更多的是理念的浸润，而不仅仅是教学艺术。从选课到备课、从上课到结语，窦老师始终把儿童成长需要放置在课堂中央。课堂与生活相连，与未来沟通，师生在课堂中共生共荣。教育源于生活，又超越生活。教育不仅润泽了孩子们的心灵，充实了他们的生活，更为其生命成长提供了取之不竭的资源。

"一个孩子，向最初的地方走去，那最初的，便成了孩子的一部分。"惠特曼这句意味深长的话语又一次出现，作为结尾收课。黑暗之中，一条闪光的路、一个令所有人思考的命题就这样延展开来……

# 感悟生命拔节

## 自然与生命

今天的我们不断向大自然索取，已然忘掉大自然对我们一次又一次的警告。圣-埃克苏佩里说：我们长期以来把自己的监狱想象得非常美丽，一直以为这个星球既富庶又可爱。如此美好的梦幻，却换来人类的随心所欲。养育我们的自然有着怎样的内在规律和秘密，需要我们和我们的后代好好去思考和追溯。基于这样的着眼点，我选择了《大自然的秘密》。课堂需要呈现两个要点：语文本来的味道，人与自然的关系。后者需要我和孩子们一同寻找，得出某种观点，或者达成某种共识。

## 【文本】

### 大自然的秘密[1]

我和七个旅行同伴及一个生物学家向导，结队到达南太平洋加拉帕戈斯群岛。那些海岛上有许多太平洋绿龟孵化小龟的巢穴，我们想实地观察一下幼龟是怎样离巢进入大海的。

太平洋绿龟的体重在一百五十公斤左右，幼龟体重不及它的百分之一。幼龟一般在四五月间离巢而出，争先恐后爬向大海。只是从龟巢到大海需要经过一段不短的沙滩，它们稍不留心便可能成为海鸥等食肉鸟的食物。

---

1 选自北师大版六年级下册第15课。原文作者为美国作家伯罗蒙塞尔，选入教材时有改动。

　　那天我们上岛时，已近黄昏。我们很快就发现一只大龟巢。突然，一只幼龟率先把头探出巢穴，却又欲出而止，似乎在侦察外面是否安全。正当幼龟踌躇不前时，一只嘲鹰突兀而来。它用尖嘴啄幼龟的头，企图把它拉到沙滩上去。

　　我和同伴紧张地看着这一幕，其中一位焦急地对向导说："你得想办法啊！"向导却若无其事地答道："叼就叼去吧，自然界之道，就是这样的。"

　　向导的冷淡，招来了同伴们一片"不能见死不救"的议论。向导极不情愿地抱起幼龟，把它引向大海。那只嘲鹰眼见着到手的美食给抱走，只能颓丧地飞走了。

　　然而，接着发生的事却使大家极为震惊。向导抱走幼龟不久，成群的幼龟从巢口鱼贯而出。事实很快使我们明白：我们原来干了一件愚不可及的蠢事。

　　那只先出来的幼龟，原来是龟群的"侦察兵"，一旦遇到危险，它便会返回龟巢。现在幼龟被向导引向大海，巢中的幼龟得到错误信息，以为外面很安全，于是争先恐后地结伴而出。

　　黄昏的海岛，阳光仍很明媚。从龟巢到海边的一大段沙滩，无遮无挡，成百上千的幼龟结群而出，很快引来许多食肉鸟，它们确实可以饱餐一顿了。

　　"天啊！"我听见背后有人说，"看我们做了些什么！"

　　这时，几十只幼龟已成了嘲鹰、海鸥、鲣鸟的口中之食。我们的向导赶紧脱下头上的棒球帽，迅速抓起十几只幼龟，放进帽中，向海边奔去。我们也学着他的样子，气喘吁吁地来回奔跑，算是对自己过错的一种补救吧。

　　一切都过去以后，几十只食肉鸟吃得饱饱的，发出欢乐的叫声，响彻云霄。两只嘲鹰仍静静地伫立在沙滩上，希望能捕捉到最后一只迷路的幼龟作佳肴。

　　我和同伴们低垂着头，在沙滩上慢慢前进。似乎在这群凡人中间，一切都寂然静止了。终于，向导发出了悲叹："如果不是我们人类，这些海龟根本就不会受到伤害。"

　　人是万物之灵。然而，当人自作聪明时，一切都可能走向反面。

## 【课堂实录】

# 《大自然的秘密》

### 一、聊一聊预习

**1. 引入**

师：今天我们要学习的课文叫作——

生：《大自然的秘密》。

师：今天我们首先要请大家来汇报预习的成果。在汇报预习之前，我在想可能有一个词孩子们说起来会比较拗口，让我们先一起读一读。起——

生：加拉帕戈斯群岛，加拉帕戈斯群岛。

师：现在请孩子翻开语文书。

**2. 交流提示**

师：我们在汇报之前，老师有一个要求。我请一个同学来读一读。（出示PPT）

生：发言要求——

声音洪亮，口齿清楚；

紧扣问题，有根有据；

相同观点不重复。

**3. 预习汇报**

师：我们已经预习了课文，现在请直接进入汇报阶段。谁第一个来？我知道第一个汇报的孩子特别需要胆量的。

生：我介绍得比较简单。关于太平洋绿龟，成年绿龟大约150公斤，幼龟体重不及成年的百分之一。幼龟一般在每年的四五月离巢而出。我觉得这段资料对于我们课文的学习很有帮助。

师：为什么？

生：它有助于我们了解太平洋绿龟的生活习性。

师：谢谢你，想得真周到。请继续聊。（板书：生活习性）

生：通过预习，我发现课文当中有四个地方说得特别好。第二自然段有句话说："太平洋绿龟的体重在一百五十公斤左右，幼龟体重不及它的百分之一。"我觉得这里就写出了幼龟与成年龟的对比，体现出幼龟的娇小、弱不禁风，为课文后面我们看见它、想帮助它做铺垫。然后就是第八自然段中写道：黄昏的海岛，阳光仍很明媚。我认为这里是穿插一段景物的描写，想通过写海岛的平静祥和，来反衬出幼龟遭遇的悲剧的可怕。还有第十——

师：（板书：反衬）这样，我们把机会让给其他同学，好吗？

生：我想补充李某某的。第八自然段中"阳光仍很明媚"，我觉得这里一语双关。这里从食肉鸟的角度来写，从"阳光明媚"四字可看出食肉鸟心情很愉快。

师：从食肉鸟心情的愉快看出幼龟的悲惨。

师：你刚才说一语双关，那还有一关在哪里？

生：从课文本身来说，第一它是写景，第二就是写出食肉鸟欢快的心情、幼龟悲惨的命运。

生：我也想补充这段话的意思。从"阳光仍很明媚"看出天气很好，与往常没有什么不同。"黄昏"二字却给人"夕阳无限好，只是近黄昏"的感觉。后面写大批的幼龟在黄昏的阳光中迁徙，景象是那么的壮观。天空是那种血色，而大批的幼龟惨遭不测。我感觉这里写景就是为了推动故事的发展。

师：谢谢你。你真了不起！从文章的写作角度进行了阐释。

## 二、进入新课

### 1. 侧面描写

生：我想说课文的第十一自然段中的"一切都过去以后，几十只食肉鸟吃得饱饱的，发出欢乐的叫声，响彻云霄"。这里写的是食肉鸟的快乐和吃饱之后的满足。这里可以反衬出幼龟死亡数量之大，幼龟伤亡之惨。

师：这种写作手法叫作——

生：侧面描写。（师板书：侧面描写）从这里可以看出"我们"帮助侦察龟的懊悔。

师：也就是说这里写出了人的——懊悔（板书：懊悔）

生：我补充一下汤某某的观点。文中写到"嘲鹰发出欢乐的叫声"，这里是作者对自己极大的讽刺和自嘲。这里写到了他们的懊悔："天哪，你看我们做了些什么！"由此就可以看出他们吃惊不已、懊悔不已。食肉鸟发出欢乐的叫声而且响彻云霄，就是对他们自己的行为感觉……嗯，怎么说呢……

师：想不出来我们就把话筒交给别的同学，好吗？

生：我想说一下课文第八自然段的句子，里面有两个词语，一个是"确实"，一个是"饱餐一顿"。我觉得这两句话看似是作者为食肉鸟高兴和欢呼，觉得它们确实可以饱餐一顿了。但我们可以从中读出一种讽刺的感觉，讽刺他们自作聪明误帮侦察龟的错误。

师：误帮了侦察龟，同时也是对龟的惨状——

生：表示了同情。

师：这里也是什么描写？

生：也是侧面描写。

生：我想说第三自然段。"忽然一只幼龟"，我发现，一发现幼龟被啄，"我们"就失去了理智。课文第一自然段写道"我们想实地观察一下太平洋绿龟的生活习性"，实地观察就是指不干扰它们的生活而去了解它们。而第五自然段写道"向导的冷淡招来了同伴们一阵见死不救的议论，向导极不情愿地抱起一只幼龟，把它引向大海"。从这里就可看出"我们"从刚开始只想要观察到了要干涉幼龟的生活，所以导致幼龟集体被杀戮。

师：也就是说干涉了幼龟的生活，才导致了幼龟的大量丧生。

生：我想要补充说，课文的第八自然段说，从龟巢到大海这段沙滩无遮无拦，从这段场景描写可以看出沙滩很宽；从这里可以看出，几十只幼龟成了嘲鹰、鲣鸟的口中之食；从这"口中之食"可以看出这些幼龟十有八九都是食肉鸟的牺牲品，而且损失很大。这是"我们"当初错误决定所得到的可怕后果。

师：这还是从侧面写出了幼龟的悲惨。一开始幼龟是鱼贯而出，然后是结群而出，最后是成群结队。（板书：鱼贯而出、结群而出、成群结队）

2. 人的愚不可及

生：我想说一下课文的第七自然段。一开始我在想，作者为什么不直接写幼龟的习性，人一旦自作聪明，一切都可能走向反面。我综合思考了一下，作者要把幼龟的习性写得这么详细，他是想说并不是人类才是最聪明的，不是人类面对危机才会去想办法应对，幼龟根据自己的情况也开发出了保护自己的措施。但是人类总是认为自己就是物种中最聪明的。他们觉得这些幼龟好傻呀，都不知道如何保护自己。其实他们不知道，当他们自作聪明的时候，他们已经把幼龟给毁了。

师：也就是说龟它本身是有智慧的，可是面对人类的自以为是的时候，龟保护不了自己了。

生：我要补充黄某的观点。刚才大家说到了具有讽刺的意味，特别是黄某说到龟本来有自我保护的意识，可是人把自己当作了万物之灵，本着一副救世主的样子，用自己的行为去救幼龟，其实是干了一件愚不可及的事情。人们在不了解幼龟的情况下盲目地去帮助幼龟，就导致了龟的惨状。

师：什么叫作"愚不可及"？

生：愚不可及就是愚蠢到不可想象，就是愚蠢到了极致。

师：刚才你还提到了一个词——盲目。你怎么认为他们的行为是盲目的呢？文中不是清楚地写着：一只嘲鹰突兀而来，它用尖嘴啄幼龟的头，企图把它拉到沙滩上来。这不是说明已经看到它遭遇危险了吗？

生：但是"我们"这一群人还是不如向导了解龟的习性。"我们"在不知道幼龟具体情况的前提下救它，犯下了致命的错误，所以"我们"的行为是盲目的。

生：在课文的第十一自然段，"一切都过去以后，几十只食肉鸟欢呼"，我们知道食肉鸟的食量应该比较大，而且是"几十只"都吃得饱饱的，说明大量的海龟都成了食肉鸟的口中之食。后面还写明这些食肉鸟发出欢乐的叫声，响彻云霄，看来这些食肉鸟感觉特别满足。后面还写两只嘲鹰静静地站在树枝上，希望能捕捉到剩下的幼龟，说明它们尽管已经吃得饱饱的，还是不够满足，看得出来嘲鹰的胃口之大。

师：嘲鹰总是希望幼龟多多益善。

生：我们可以想象当时的场景，每一只食肉鸟都争先恐后地抢夺幼龟，就像大屠杀一样。幼龟的损失简直惨不忍睹。

师：那这样侧面描写的好处是——

生：作者想告诉我们，这一群人犯下的错误不可弥补。

师：烘托出了幼龟——

生：损失惨烈。

师：我们可否用别的词来形容幼龟的惨？

生：我觉得很悲剧。（大笑）

生：惨不忍睹。

生：惨绝人寰。

3. 写事文章的特点

师：作为一篇写事的文章，幼龟被食肉鸟群起攻之的这一部分应该是事情发展的——

生：高潮部分。

师：作为写事的文章，一般应该包括哪几个方面？

生：写事的文章一般包括事情的起因、经过、高潮和结局。

师：高潮部分是不是我们在看小说、看文章时最精彩、最令人爱不释手的部分，那为什么还要写事情的起因和经过？既然事情的高潮部分最吸引人，咱一来就直奔事情发展的高潮部分不好吗？那该多有意思呀！

生：那怎么行呢？如果我们首先不交代清楚事情发生的原因，你就没有办法了解事情为什么发生呀。你看《大自然的秘密》一文写道，"太平洋绿龟的体重在一百五十公斤左右，幼龟体重不及它的百分之一"。只有把起因交代清楚了，为下文做好铺垫了，你才能接着往下写呀。你想，如果我们不交代清楚幼龟之小，如果大海龟150公斤，小海龟50公斤，请问食肉鸟它吃得下吗？

师：如果小海龟50公斤，嘲鹰直接就被噎死掉。（大笑）

师：看来写事的文章，必须要将事情的起因交代清楚才行。想想我们平常写事的文章，有时候起因不够清楚，高潮不够精彩，结局不够明晰，写悲剧的又不够悲催，导致一篇文章读起来味同嚼蜡。

4. 人物行为的观察

师：文章写了龟的惨，写了鸟的能吃，写了人的悔，那我们是不是应该对这一行人提点意见？

生：我结合书本第五自然段，"向导却若无其事地答道"，看出向导的不在意。向导是很有经验的，他知道幼龟也有自己的经验，它们自己知道派侦察兵出去，一旦有危险就暂时不能出去，它们是有自己的安排和规划的。可是人们一来把它们的所有计划都打乱了。同伴们感觉向导很冷漠无情，似乎完全没有同情心，可能会议论"这个向导怎么这样，看着幼龟被食肉鸟捉去都没有任何反应，都不去救"。他们发出了类似这样的冷嘲热讽。他们自作多情，这个"情"就是同情幼龟，对弱者的怜悯。

师：你想对向导说什么？

生：我就是想说，大自然有自己的安排和计划。人类虽然有智慧，也请不要随意地去打扰它们。

生：我想对这一行人说，你们出发之前应该做点功课。既然他们是结队到太平洋加拉帕戈斯群岛上去观察太平洋绿龟离巢的情况，就应该认真了解有关绿龟的情况后再去。他们连绿龟的习性都不清楚，就这样贸然去了，那么他们的观察会不会破坏它们的生存状态，会不会伤害它们？

师：由此看来，以后我们在做事情之前还是得做足功课。

三、深入探讨：帮，还是不帮？

师：说到这里，我们就有一个疑问了——没有人干涉海龟，海龟又是怎么样走向大海的？

生观看相关的视频。

师：你们看了这一段视频，应该又有了自己的想法吧？

生：首先我觉得这些幼龟很聪明。你看它们在出巢的时候会先躲起来，只有一只幼龟提前跑出来，这应该是侦察龟。其次，幼龟离巢时是所有的龟一起出动，这一点非常明智。你想，如果一只一只出来，肯定会被全部消灭。幼龟结群而出，海鸟们就有点忙不过来，相当于一部分幼龟充当敢死队，剩下的一部分就可以趁机逃脱活下来。

生：如果幼龟结群而出是对的话，那么为什么鱼贯而出还让这些幼龟成了海鸟的口中之食？

生：第一只侦察龟被向导错误地引向大海的时候，就给了其他龟错误的信息。本来这些龟计划是朝向这边，结果朝向了错误的方向。

（1）发现冲突。

师：我们看了刚才的视频，有个巨大问号在脑海盘旋：没有人干涉，为什么幼龟也死得这么惨？

生：我以前看到过这个视频的。可是我今天再看到这一幕，还是觉得这些幼龟死得很惨。

师：你以前什么时候看过呀？

生：我曾经在电影院看过。当时看到的场景比今天看到的更惨。看到天空中的鸟一冲下来，幼龟就不见了。而且我还看到幼龟好不容易游进大海，还要被鱼虾吃掉。就像我们嗑瓜子一样，鱼虾把幼龟一只一只磕掉。

师：这么说来，人到底是干涉好呢，还是不干涉更好？

（2）讨论交流。

师：（出示PPT）你怎么评价这一行人的行为？

师：交流之前我要约法三章。等会儿大家在交锋的时候请先亮出你的观点，再阐明你的理由。

学生四人为一小组进行讨论。时间为6分钟。

（3）小组依次发表看法。

生：我觉得人们不要干涉为好。我查过资料，每一只绿龟每一次产卵50到

100枚，是国家二级保护动物。我举个例子，假设这些海龟是囚犯……

师：海龟怎么成了囚犯？

生：我假设这些幼龟藏在沙子里，而侦察龟来帮助这些幼龟越狱。

师：你是说海龟走向大海就相当于在进行一次越狱。

生：海龟要走向大海，必须要在正确的时间、正确的地点，而且必须坚持正确的路线。这里侦察龟被向导引向大海，巢穴里的幼龟们就以为现在就是处于正确的时间、正确的地点，所行是正确的路线，处于非常安全的时刻，也几乎没有鸟儿来威胁它们。所有的龟都认为此刻出巢是最合适的，于是它们倾巢出动，结果刚好撞到了鸟的嘴里。这里的鸟是非常多的，所以幼龟一出去就遇上这些饥饿的鸟儿，就被捕食了。而这段视频里没有人类的活动，海龟也遭到了极大损失，当然仍旧有部分海龟幸存了下来。

师：你刚才说海龟没有人帮助，也有一些跑进了海里。从视频中我们可以看出，一只海龟经过了好大一番折腾，才颤颤悠悠地爬进了海里。那一群人，又是用帽子又是用衣服，该有多少海龟跑进海里呀。这比起海龟们历尽艰辛好不容易才有一只进入海洋，那该是多么善良的行为呀。我觉得我们应该为他们鼓掌。所以我赞成投他们善良的一票，为了那些幼小的海龟！

生：我看过纪录频道。纪录频道专门有一集讲述海龟的故事。当时天空中也有很多的食肉鸟，海龟们面对食肉鸟也不知道危险。它们直接倾巢而出，也没有派侦察兵，也没有采取任何策略，结果死伤大半。演变了很多年之后，海龟们有了自己的生存策略，大大降低了伤亡数量。但是食肉鸟也不能饿肚子呀，所以它们也采取了一定的措施，让自己能够吃得饱。

（4）生物链。

师：我有问题了。食肉鸟为什么一定要吃海龟呀，它们难道不可以吃点别的东西么？

生：天！这食肉鸟吃海龟就像我们人类吃猪肉一样，就是身体的需要而已。

师：我可以不吃猪肉，明天我就改为吃素了。

生：食肉鸟吃海龟这是遗传下来的，而且在食肉鸟看来它能吃的就只有那么几个菜肴呀。在它们的脑中，不存在食物可不可爱、可不可怜的问题。这是它身体的需要。

生：我要补充。因为我们人类是在满足了吃饱的情况下才会去考虑吃出营养和健康的问题。而食肉鸟它们只能抓住这短短的一段时间，也就是海龟孵化的四五月，尽可能多吃一点儿，其他时间寻觅食物就显得比较困难，经常就会饿着肚子。所以它们不会去考虑海龟是否可爱。

师：食肉鸟既然这样饥肠辘辘，会不会把这可怜的海龟给吃灭绝了？刚才你们说海龟是保护动物，看来海龟的数量的确稀少。肯定都是食肉鸟干的，我们应该找食肉鸟算账！

生：我觉得这有关生态链，喔，应该是生物链。

师：那你给我们讲讲生物链。

生：这些食肉鸟吃海龟，因为海龟数量很多。

师：海龟都是保护动物，怎么会数量很多？

生：海龟每只产卵50到200枚左右，食肉鸟吃掉许多海龟，就限制了海龟的数量和繁衍。食肉鸟也会自然死亡。所以这样就生态平衡。

师：你的意思是说鸟没有天敌，它就老死终生？原来食肉鸟站在食物链的顶端呀。

一个学生在下面说"人吃鸟"。

生：人猎杀鸟，鸟要吃海龟，海龟要吃鱼。你们想想，如果没有食肉鸟，海龟每只每次产卵50到200枚，就算每只海龟只产50枚卵，岂不是海洋里很快全都是海龟了？

师：多好呀。这样我们不每个人都可以拥有海龟了？

生：这还好？如果海里全都是海龟，海龟会吃掉海里所有的食物，然后海龟也会饿肚子，海龟也会灭绝，海洋里就没有生物了。

师：那就变成死海了？太可怕了！

师：刚才你们说人吃鸟，（指站着的孩子）那你吃海鸟吗？（问别的孩子）你吃吗？你吃吗？

孩子们都摇摇头。

师：那你们告诉我，鸟的天敌到底是谁？

有孩子说鲨鱼，有孩子说不清楚。

师请出说鲨鱼的孩子。

生：我也看过纪录频道，说鲨鱼吃鸟。还有很多自然的因素，比如恶劣的天气，闪电把它们居住的巢穴捣毁了，导致它们无家可居，产的卵就破碎了，有的掉到地上摔坏了……种种因素都会导致鸟的数量减少。

师：你有没有查过一只鸟可以产几只卵？

生：像课文当中的这种食肉鸟，一只可以产5到8枚卵。

生：所以我想说，大自然已经在想办法控制鸟的数量了，我们人就没有必要去干涉鸟和海龟了。我可以联系一下书中的内容。（师：回归文本）从课文的第八自然段"黄昏的海岛，阳光仍很明媚……"可以看出，海龟和食肉鸟都把这里的地形和情况摸得很清楚，双方都在这里等待。第六自然段，"这里发生的事情让大家都很震惊……成群的海龟鱼贯而出"。这里说一只海龟要充当侦察兵的角色，这只海龟如果被海鸟吃了的话，巢中的其他幼龟就会得到一个信息，知道外面不安全，它们就会藏在巢穴里，然后等待时机。海鸟在天空盘旋，总会有休息的时候，这些幼龟趁着空档爬出来，这样它们的伤亡数就会大大降低。

师：也就保证了它们的成活率。

师：可是我觉得刚才的问题还是没有解决清楚，开始的时候海龟还没有这种防御能力，结果死伤大片。后来海龟慢慢地进化，那海鸟又该怎么办？

生：海鸟也在进化呀。我看到一本书上说的，鸟儿为了要吃到海龟，它们的视力越来越好，它们的眼睛甚至在晚上都能看得到海龟。因为海鸟要吃海龟，相当于灰熊在一定的时期要吃狗鱼。它们要靠这些营养来保存自己。这是一个弱肉强食的世界。（师板书：弱肉强食）灰熊要吃狗鱼，是因为即将进入冬季，它们通过吃狗鱼来保存热量。有了足够的热量，它们才能在寒冷的冬季抵御寒冷，保证自己的成活。

师：那海鸟为什么要吃这么多海龟？

生：海鸟也要孵化它们的下一代。它既要靠捕捉海龟填饱自己的肚子，同时也要靠捕食海龟来保证它们的孩子存活。如果没有了海鸟，相当于海龟没有了任何天敌。就像以前的渡渡鸟。有一个科学家发现了十分珍稀的渡渡鸟，可是他身边带着一只猫，这只怀孕的猫生了好几只猫，结果猫大量繁殖，它们都可以爬到树上去抓渡渡鸟。渡渡鸟虽然膘肥体壮，但它们没有任何反抗能力，结果这些猫很快就把渡渡鸟给灭绝了。猫因为缺乏天敌，繁殖数量惊人。就像文中的海龟和食肉鸟一样，如果它们没有天敌，也会很快让另一种物种灭绝。

（5）关怀的角度。

师：那我想问，这一群人如此善良，而且同情弱小，难道这么做有什么不妥吗？

生：同情和善良都是应该的，不过应该放在不同的环境中才行。

师：这个环境难道不对吗？阳光很明媚，小海龟被啄食，弱小的它需要我们去拯救它呀。

生：这个环境也应该站在鸟的角度去看。

师：我刚才站在——

生：（齐答）乌龟的角度。

生：如果你站在鸟的角度去想，它吃不到幼龟，就会饿死。时间长了，我们岂不是又失去了一个物种。

师：我们人到底该怎么办才好？

生：我觉得很多时候人类老是希望通过自己来改变些什么，其实很多事情是我们改变不了的，而且也不应该去改变的。我想起以前我看过沈石溪写过的《骆驼王子》，它里面就描述了一个场景：一只骆驼被一只雪豹袭击了，生命危在旦夕。很多人在一旁围观，都非常焦急，包括沈石溪在内。他却拿不准帮谁。因为雪豹此时也饥肠辘辘，很饿。

师：救雪豹吧。

生：可是骆驼快要死掉了。

师：救骆驼吧。

生：可是雪豹和骆驼都是很珍贵的动物呀。

师：两个都救吧。

生：救不了呀。如果两个都救，总有一个会死去。救骆驼，雪豹就会饿死；如果救雪豹，骆驼就会被杀掉。所以我觉得很多时候就是很痛苦。

师：左右为难。

生：人类面对大自然根本就是无能为力的。

（6）顺其自然。

师：那我们人类到底该怎么做才合适呀？

生：我想只能静观其变。（师板书：静观其变）就像文中的海龟，我们帮助它也会死很多，不帮助它也会死很多，但我觉得还是不应该帮助海龟。文中写人们帮助海龟，就是脱下头上的棒球帽，迅速抓起几只幼龟放进帽中，向海边跑去。从龟巢到大海，需要经过一段不短的沙滩。这一段不短的沙滩，就像我们所看的中央电视台的《第一堂课》一样，从一年级到六年级，都是对我们的考验，能从这个考验中存活下来的"海龟"才有能力在这种复杂的自然当中生存下去。（掌声）

师：这就相当于我们明天、后天以及以后的小升初考试，我不能帮你，也不能替代你，怎么办才好呢？

生：自己努力。

师：好一个"自己努力"！让我们都朝着海浪翻滚的大海爬去吧。

师：如果用四个字来概括海龟的成长，怎样才是最好的？

生：自力更生。

生：顺其自然。

生：自生自灭。

师：作为人，作为万物之灵，我们希望每一个人都能够平等地生活。而对于生活在大自然的一切动植物，我们希望它们顺应自然，努力向上生长，长出勃勃生机。这，就是《大自然的秘密》带给我们的启示。

师：今天的课上到这儿。下课——

## 后 记

课后，四川省教育学院著名教授姚文忠在课评中给了这节课很高的评价。他说，真正的语文课堂并不是老师跟随教案，学生追随老师，而是学生在课堂中积极地寻找自身渴望的"对岸"，寻找符合自然、符合生活实际的答案。课堂成为寻找的场所，倾听到孩子向上拔节的声音。而老师，是参与者、引领者，更是见证者。在这节课上，孩子们通过自身不断地追问和思考、质疑和思辨，寻找到了大自然隐藏的秘密——顺其自然。人类，静观其变，足矣。

# 土地与生命

土地是人类赖以生存的依靠，是唯一的居家之所。每一个她的子孙都懂得珍爱她。可是土地给予我们的，我们并不能深切感知。唯有即将失却之时，才顿悟她存在之可贵。当这片神圣的土地遭遇外敌入侵时，我们该如何保护她？是举枪扛刀撵走对方，还是忍气吞声容忍一切不公？印第安部落酋长西雅图用他非凡的智慧与品格，向我们展示了谦卑、隐忍之博大胸襟，我们不得不面对外来文字冲击我们的视野外的现状。于是，我们反复问自己，问作者：他为什么会这样说？为什么会这样做？我们在文字与文字之间小心翼翼地摸索。突然，豁然开了一扇窗，明亮的光带着欣喜耀眼地照射进来。

## 【文本一】

# 这片土地是神圣的[1]

对我们这个民族来说，这片土地的每一部分都是神圣的。

每一处沙滩，每一片耕地，每一座山脉，每一条河流，每一根闪闪发光的松针，每一只嗡嗡鸣叫的昆虫，还有那浓密丛林中的薄雾，蓝天上的白云，在我们这个民族的记忆和体验中，都是圣洁的。

我们是大地的一部分，大地也是我们的一部分。青草、绿叶、花朵是我们的姐妹，麋鹿、骏马、雄鹰是我们的兄弟。树汁流经树干，就像血液流经我们的血管一样。我们和大地上的山峦河流、动物植物共同属于一个家园。

溪流河川中闪闪发光的不仅仅是水，也是我们祖先的血液。那清澈湖水中的每一个倒影，反映了我们的经历和记忆；那潺潺的流水声，回荡着我们祖辈的亲切呼唤。河水为我们解除干渴，滋润我们的心田，养育我们的子子孙孙。河水运载我们的木舟，木舟在永流不息的河水上穿行，木舟上满载着我们的希望。

如果我们放弃这片土地，转让给你们，你们一定要记住：这片土地是神圣的。河水是我们的兄弟，也是你们的兄弟。你们应该像善待自己的兄弟那样，善待我们的河水。

印第安人喜爱雨后清风的气息，喜爱它拂过水面的声音，喜爱风中飘来的松脂的幽香。空气对我们来说也是宝贵的，因为一切生命都需要它。

如果我们放弃这片土地，转让给你们，你们一定要记住：这片土地是神圣的。空气与它滋养的生命是一体的，清风给了我们的祖先第一口呼吸，也送走了祖先的最后一声叹息。同样，空气也会给我们的子孙和所有的生物以生命。你们要照管好它，使你们也能够品尝风经

---

1 选自人教版小学语文六年级上册第15课。原文作者为印第安索瓜米西族酋长西雅图，选入教材时有改动。

过草地后的甜美味道。

如果我们放弃这片土地，转让给你们，你们一定要记住：这片土地是神圣的。你们一定要照顾好这片土地上的动物。没有了动物，人类会怎样？如果所有的动物都死去了，人类也会灭亡。降临到动物身上的命运终究也会降临到人类身上。

告诉你们的孩子，他们脚下的土地是祖先的遗灰，土地存留着我们亲人的生命。像我们教导自己的孩子那样，告诉你们的孩子，大地是我们的母亲。任何降临在大地上的事，终究会降临在大地的孩子身上。

我们热爱大地，就像初生的婴儿眷恋母亲温暖的怀抱一样。你们要像我们一样热爱它，照管它。为了子孙后代，你们要献出全部的力量和情感来保护大地。

我们深知：大地不属于人类，而人类是属于大地的。

## 【文本二】

# 西雅图宣言[1]

你怎能把天空、大地的温馨买下？我们不懂。

若空气失去了新鲜，流水失去了晶莹，你还能把它买下？

我们红人，视大地每一方土地为圣洁。在我们的记忆里，在我们的生命里，每一根晶亮的松板，每一片沙滩，每一撮幽林里的气息，每一种引人自省、鸣叫的昆虫都是神圣的。树液的芳香在林中穿越，也渗透了红人自亘古以来的记忆。

白人死后漫游星际之时，早忘了生他的大地。红人死后永不忘我们美丽的出生地。因为，大地是我们的母亲，母子连心，互为一体。绿意芬芳的花朵是我们的姊妹，鹿、马、大鹰都是我们的兄弟，山岩峭壁，草原上的露水，人身上、马身上所散发出的体热，都是一家子亲人。

---

1 选自[美]西雅图：《西雅图首长的宣言》，柯倩华译。石家庄：河北教育出版社，2007年。

华盛顿京城的大统领传话来说，要买我们的地。他要的不只是地。大统领说，会留下一块保护地，留给我们过安逸的日子。这么一来，大统领成了我们的父亲，我们成了他的子女。

我们会考虑你的条件，但这买卖不那么容易，因为，这地是圣洁的。溪中、河里的晶晶流水不仅是水，是我们世代祖先的血。若卖地给你，务请牢记，这地是圣洁的；务请教导你的子子孙孙，这地是圣洁的。湖中清水里的每一种映象，都代表一种灵意，映出无数的古迹、各式的仪式，以及我们的生活方式。流水的声音不大，但它说的话，是我们祖先的声音。

河流是我们的兄弟，它解我们的渴，运送我们的独木舟，喂养我们的子女。若卖地给你，务请记得，务请教导你的子女，河流是我们的兄弟，你对它，要付出爱，要周到，像爱你自己的兄弟一样。

白人不能体会我们的想法，这点，我知道。

在白人眼里，哪一块地都一样，可以趁夜打劫，各取所需，拿了就走。对白人来说，大地不是他的兄弟，大地是他的仇敌，他要一一征服。

白人可以把父亲的墓地弃之不顾。父亲的安息之地、儿女的出生之地，他可以不放在心上。在他看来，天、大地、母亲、兄弟都可以随意买下、掠夺，或像羊群或串珠一样卖出。他贪得无厌，大口大口吞食土地之后，任由大地成为片片荒漠。

我不懂。

你我的生活方式完全不同。红人的眼睛只要一看见你们的城市就觉疼痛。白人的城里没有安静，没地方可以听到春天里树叶摊开的声音，听不见昆虫振翅作乐的声音。城市的噪音羞辱我们的双耳。晚间，听不到池塘边青蛙在争论，听不见夜鸟的哀鸣。这种生活，算是活着？

我是红人，我不懂。

清风的声音轻轻扫过地面，清风的芳香，是经午后暴雨洗涤或浸过松香的，这才是红人所愿听愿闻的。

红人珍爱大气：人、兽、树木都有权分享空气，靠它呼吸。白人，似从不注意人要靠空气才能存活，像坐死多日的人，已不能辨别恶臭。若卖地给你，务请牢记，我们珍爱大气，空气养着所有的生

命，它的灵力，人人有份。

风，迎着我祖父出生时的第一口气，也送走它最后一声的叹息。若卖地给你，务请将它划为圣地，使白人也能随着风尝到牧草地上加强的花香。

务请教导你的子女，让他们知道，脚下的土地，埋着我们祖先的骨骸；教你子弟尊崇大地，告诉他们，大地因我们亲族的生命而得滋润；告诉他们，红人怎样教导子女，大地是我们的母亲，大地的命运，就是人类的命运，人若唾弃大地，就是唾弃自己。

我们确知一事，大地并不属于人；人，属于大地，万物相互效力。也许，你我都是兄弟。等着看，也许，有一天白人会发现：他们所信的上帝，与我们所信的神，是同一位神。

或许，你以为可以拥有上帝，像你买一块地一样。其实你办不到，上帝，是全人类的神，上帝对人类怜恤平等，不分红、白。上帝视大地为至宝，伤害大地就是亵渎大地的创造者。白人终将随风消失，说不定比其他种族失落得更快，若污秽了你的床铺，你必然会在自己的污秽中窒息。

肉身因岁月死亡，要靠着上帝给你的力量才能在世上灿烂发光，是上帝引领你活在大地上，是上帝莫名的旨意容你操纵白人。

为什么会有这种难解的命运呢？我们不懂。

我们不懂，为什么野牛都被戮杀，野马成了驯马，森林里布满了人群的异味，优美的山景，全被电线破坏、玷污。

丛林在哪里？没了！

大老鹰在哪里？不见了！

生命已到了尽头，

是偷生的开始。

**【课堂实录】**

# 《这片土地是神圣的》

## 第一课时

1. 引入

师：［出示"祖宗疆土，当以死守，不可以尺寸与人。——（宋）李纲"］这句话什么意思？

生：这句话是说祖宗留下来的土地，要保护好，不能有一尺一寸的流失。

生：这是说土地的重要性，祖宗留下来的土地谁都不能拿走一尺一寸。

生：这是说一旦有外敌入侵，哪怕付出生命，也要保护好我们的土地。

师小结：也就是说，我们脚下的土地对于我们来说，是比生命更重要的财富。我们当不惜以生命的代价来保卫这片土地。

2. 反馈预习，提出疑问

师：今天，让我们一起来学习一篇与土地有关的文章。（出示课题：《这片土地是神圣的》）

生齐读课题：这片土地是神圣的。（师板书：这片土地是神圣的）

师：孩子们，你们已经对课文进行了预习，也进行了一些思考。预习之后，你们有什么问题？

生：这片土地为什么是神圣的？

师：你根据题目提出了这个问题。

生：既然这片土地是神圣的，为什么土地还一定要被转让？

师：对事情处理的方式提出质疑。

生：文章为什么要三次说到"如果我们把这片土地转让给你们，你们一定要记住：这片土地是神圣的"，它有什么作用？

师：文章的表现形式。

生：西雅图为什么要发表这样的演讲？当时的情况如何？

师：希望了解当时的社会背景。

生：这次土地转让是在什么背景下进行的？

生：为什么课文的第三自然段说"我们是大地的一部分，大地也是我们的一部分"，而课文的最后一个自然段却说我们深知："大地不属于人类，而人

类是属于大地的。"这是不是互相矛盾呀?

师:这是从表达的内容上提问。

师小结:听了你们提出的问题,我非常佩服你们。你们对提问的方法非常清楚,提出的问题都很有价值,值得深入探讨。我不由得感慨:如果我们在平常的学习生活中,也有很多像你们一样不断追问思考的"问题儿童",然后带着问题去倾听和思考,课堂效率一定事半功倍!

3. 交流预习所得

师:预习课文,提出问题,试着解决提出的疑惑,是我们日常学习中的重要方法。反复阅读,细细琢磨,我们一定在预习的过程中已经试着解决了一些问题。接下来,我把时间交给你们,让你们将预习中解决掉的问题给大家做个汇报。好吗?

生:通过预习,我知道了西雅图是19世纪北美洲印第安六个部落的酋长,他和白人戴维·斯温森·梅纳德关系不错。后来为了纪念西雅图,戴维·斯温森·梅纳德提名将这块土地取名为"西雅图"。

师:这就是"西雅图"这块土地的名称来历。

师:说到这里,刚好我这里有一张西雅图的照片。(出示PPT)请孩子来读一读西雅图的简介。

生:印第安人,黄种人,旧时称为红种人,美洲最古老的居民。西雅图酋长(1786年—1866年)是美国华盛顿州境内的印第安人部落的领袖,信奉天主教,乐于与白人移民共处,并同西雅图的创立者之一戴维·斯温森·梅纳德建立了私人友谊。

师:从照片上看,你觉得西雅图是一个怎样的人?

生:我觉得他长得有点严肃。

生:他看上去好像有点慈祥又有点凶悍。

生:从他的头饰和胸前的挂坠看,应该很有权威。

生:从他的面容上看,我觉得他有些饱经风霜。

生:从他交叉的一双手可以看出他似乎在思考什么问题,这个问题也许有点难以解决。

师:也就是说,照片中的西雅图是一位饱经风霜、经验丰富、德高望重的领袖人物。

生:我知道当时印第安人不得不把这片土地转让给白人。因为在转让土地之前,印第安人想了各种方法,希望能够阻止土地的转让,可是这些方法都不能满足白人的欲望，所以土地转让无法阻止。

师：你知道各种方法包括哪些方法吗？

生摇摇头。

生：我了解到当时的美国人到处强占印第安人的土地，因为他们需要大量的土地，渴望从土地上获得他们想要的财富。

生：我还了解到美国人为了得到这些土地，要了各种各样的手段。比如大量砍伐树木，掠杀野牛，让当地的印第安人没有办法正常生活。

生：我知道这篇课文是1854年12月西雅图在华盛顿州议会上进行的演讲。19世纪50年代，华盛顿州政府想要用15万美元买下200万英亩原属于印第安部落的土地。印第安酋长西雅图同意了这一买卖，决定迁移族群至印第安保护区。在离开这块族人世代生活的土地前，1854年12月他在州议会上发表了这次演讲。

师：对，我们今天要学的就是这篇演讲稿。演讲稿是我们在以前的学习中没有接触过的一种文本体裁。作为演讲稿，演讲者需要关注以下内容：演讲的听众，也就是它是针对谁演讲的（板书：针对性）；演讲者准备演讲的内容（板书：可讲性），并且准备通过什么方式演讲打动听众，也就是它的鼓动性如何（板书：鼓动性）。把这些特点概括起来，也就是它的三大特性：针对性、可讲性和鼓动性。

师：19世纪50年代，随着白人移民的不断涌进，华盛顿州政府想要用15万美元买下200万英亩（相当于8 100平方公里）原属于印第安部落的土地。也许你们不是很清楚8 100平方公里有多大，让我帮你们换算一下：成都市七个城区面积大概有480平方公里，可以算一算，这片土地相当于多少个成都市？

生齐声——哇！

生：大概是16个成都市那么大。

师：是的，如此大块的土地，白人只花——（生：15万美元）就要买下来。印第安酋长西雅图同意了这一买卖，决定迁移族群至印第安保护区。在离开这块族人世代生活的土地前，1854年12月，在州议会上西雅图酋长面对州长、白人移民以及1 000名左右的印第安人发表了这次演讲。

师：刚才我们聊的都是关于西雅图本人和当时的背景资料。对于课文内容，你们通过预习了解了些什么呢？

生：通过预习课文，我知道了印第安人非常热爱这片土地。课文的第二自然段说"每一处沙滩……"都是在说这片土地是圣洁的。

生：课文的第四自然段说："溪流河川中闪闪发光的不仅仅是水，也是我们祖先的血液。那清澈湖水中的每一个倒影，反映了我们的经历和记忆；那潺潺的流水声，回荡着我们祖辈的亲切呼唤。"这一部分就是在说这片土地是神圣的。

生：我知道这篇课文分为三个部分：第一至第三自然段在写这片土地是神圣的；第四至第八自然段写如果"我们"把土地转让给"你们"，"你们"一定要记住，这片土地是神圣的；第九至第十一自然段写土地与人类的关系。

师：孩子，你真了不起，你给我们理清了演讲稿的写作思路。也就是说，这篇演讲稿先具体介绍这片土地的神圣，然后写如果"我们"把土地转让给"你们"，"你们"要好好保护这片土地，最后告诉我们土地与人之间的密切关系。其实这就是演讲的内容，也就是演讲中的可讲性。（板书：神圣、保护、关系）

师：我已经看到很多孩子提笔在做笔记。这是很好的学习习惯，随时把我们听到的有用的内容记录下来，这样我们学习起来更轻松，更有利于推动思考。

生：我了解到西雅图特别热爱这片土地，文中有三个地方都在重复写"如果我们放弃这片土地，转让给你们，你们一定要记住：这片土地是神圣的"。我知道这样重复就是为了强调。

师：这种写作手法不叫重复，叫——（生：反复）。反复的目的是什么？

生：我还不太清楚他这样反复强调的目的是什么，但是应该是舍不得这片土地。

生：我觉得应该是反复提醒白人要好好保护这片土地，因为这片土地是神圣的，也体现了他们对这片土地的眷恋。

师：作为演讲稿，这次演讲针对谁？

生：这次演讲是针对白人和红人演讲的。（板书：酋长→白人、红人）

师小结：你们真是一群会学习的孩子。不仅通过查阅资料了解了这次演讲的历史背景，还基本上把握了课文的主要内容。

4. 进入新课

师：既然课文的题目是——（生齐读："这片土地是神圣的"），你们也提出了"为什么这片土地是神圣的"这个问题，我们肯定首先得弄清楚"为什么这片土地是神圣的"。好，接下来就让我们从题目入手，开始探索之旅吧。

师：这片土地是神圣的，可是我不知道"神圣"的含义。

生：应该是非常了不起的意思吧。

生：我查了字典，上面这样说：不可侵犯，不可亵渎。

师：（出示PPT）神圣——不可侵犯，不可亵渎，一般用来形容土地和祖国。文中指印第安人所在的这片土地不可侵犯，不可亵渎。

师小结：要走进课文，我们一定得弄清楚课文题目的意思。比如这里的"神圣"，它是解开全篇文章内核的钥匙，我们可别忘了使用。

师：这片土地对于印第安人来说是神圣不可侵犯的。那么让我们回到课文的第一至第三自然段，让我们拿起笔，到字里行间去寻找与"土地是神圣的"相关的句子，抓住其中的关键词句做简洁的批注。5分钟之后交流。

孩子们批注。老师巡视。

生：我从课文第二自然段中"每一处沙滩，每一片耕地，每一座山脉，每一条河流，每一根闪闪发光的松针，每一只嗡嗡鸣叫的昆虫，还有那浓密丛林中的薄雾"看出，印第安人热爱土地。不管是沙滩、耕地、山脉、河流，还是细小的松针、昆虫、薄雾，在印第安人心目中都是不可亵渎的。

师：抓住句子中的具体事物，读出了土地的神圣。

生：我从"树汁流经树干，就像血液流经我们的血管一样"这句话看出在印第安人的心中，树木和人一样，都是有生命的，都是平等的。你看，在他们看来，树汁就是人的血液，树干就是人的血管，树就是人，人就是树。

师：你说得多好呀，人就是移动的树，树就是站立的人。人与树原来都是土地的孩子，他们共生共荣。

生：我从"青草、绿叶、花朵是我们的姐妹，麋鹿、骏马、雄鹰是我们的兄弟"这里看出，印第安人觉得不管是植物还是动物，和我们人类一样，都是土地的一部分。

生："每一处""每一片""每一座""每一条""每一根""每一只"中都有一个"每"字，我从中读出印第安人对每一块土地、土地上的每一样东西都很在意，都很有感情。

师：看来这个"每"字起到了强调注意的作用。

生：我从第一句话"对我们这个民族来说，这片土地的每一部分都是神圣的"中的"每一部分"这个词语看出，无论这片土地的什么地方，对于印第安人来说都是神圣的。

师：抓住关键词理解课文内容，你们教给了我好的阅读方法。你还能说得更详细一些吗？

生：这里的"每一部分"就应该是文中说的"每一处沙滩，每一片耕地，每一座山脉，每一条河流……"，它们对于印第安人来说都是非常神圣的。

生：我从"记忆"和"体验"这两个词中感觉到印第安人觉得生活的每一天都值得怀念。

师：你们在聊土地的神圣性过程中，很善于抓住课文的重点词句理解课文内容。这就是我们常说的——（板书：紧扣文本）。可是你们知道为什么印第安人如此善待土地吗？

生沉默。

师：让我们先来听一个小故事吧，也许会受到一些启发。

师出示《小王子》选段，请孩子朗读。

生：小王子又去看了玫瑰："你们很美，可是你们很空虚，没有人能为你们死去。当然，我的那朵玫瑰，一般的过路人见到了会认为它和你们一样。可是就它一个，比你们所有的玫瑰更重要，因为，是我浇灌了它；因为，是我把它放在玻璃罩下；因为，是我用屏风保护了它；因为，是我帮它杀死了毛毛虫；因为我听过它哀诉或吹嘘，甚至听过它的沉默；还因为它是我的玫瑰……我要对我的玫瑰负责。"——《小王子》

师：为什么小王子要对他的玫瑰负责？

生：因为它在小王子的眼里独一无二。

生：小王子为了它付出了很多，为它浇水，为它杀死毛毛虫，听它哀诉或吹嘘。所以小王子就觉得它很好，要为它负责。

生：小王子为它付出了辛勤的汗水，所以在他的眼里，这朵玫瑰是不一样的。

生：小王子每天都会为这朵玫瑰做很多事，心里总是牵挂着玫瑰，所以他和这朵玫瑰就建立起了深厚的情感。这朵玫瑰就是别的玫瑰不可比拟的。

师：每天与这朵玫瑰相处，使得这朵玫瑰在小王子心中成了独一无二的化身，小王子决心要为玫瑰负责。那么对于这片世代相处的土地呢？让我们再回头读一读课文的第一至第三自然段，也许你会有新的发现。

生：我从课文的第二自然段里知道了，这一片沙滩对于印第安人来说是有感情的，因为他们经常会在河里洗东西，洗完东西以后会在沙滩上玩一会儿，沙滩记载了他们生活的点滴。这片沙滩成了他们心目中神圣的土地。

生：丛林对于印第安人来说也是很重要的，他们在丛林里采果子、躲雨，说不定还在里面谈恋爱。所以这片丛林对他们来说就是神圣的。

生：我觉得薄雾对于他们来说也非常重要。因为他们想到雾，就想起自己小时候在雾中玩耍的情形。

师：难道也包括蓝天上的白云？

生：是呀，每当他们要出去做事的时候，都会先看一下天空，看看天气如何。如果天气不好，他们就会留在家里；如果天气好，就可以出去做事。

生：天气好就可以洗衣服了。

师：看来蓝天白云在他们心中也有着独特的地位。

师：刚才你们谈到了那么多，其实这就是刚才同学们说到的两个词——记忆和体验。让我们一起再读一读这段话：

每一处沙滩，每一片耕地，每一座山脉，每一条河流，每一根闪闪发光的松针，每一只嗡嗡鸣叫的昆虫，还有那浓密丛林中的薄雾，蓝天上的白云，在我们这个民族的记忆和体验中，都是圣洁的。

师小结：是的，当我们把这些文字与我们的生活联系在一起之后，我们会发现这些文字就变得亲近而且极富感染力了。这就是文字与生活相连的魔力。

（板书：联系生活）

师：树林、薄雾、河流、草地、动物，它们都生长在土地之上，它们都是土地的——（生：子女），人自然也是土地的子女之一。所以在印第安人眼里，土地就是他们的母亲，是神圣不可侵犯的。

师：所以对于土地，他们除了尊重，还有——

生：热爱。

生：珍惜。

生：他们觉得土地很伟大。

师：这就是臣服，就是心怀谦卑。（板书：谦卑）

师：学完了这一部分，你有问题吗？

生：既然这片土地对于印第安人来说如此重要，为什么还要转让这片土地呢？

生：这到底是一片什么样的土地？

生：为什么他们如此热爱土地？

师：问得好！是呀，这到底是一片什么样的土地，他们为什么如此虔诚地热爱？

师出示PPT，指名读。

生：印第安人相信"万物有灵"，他们崇敬自然，对自然界的一草一木、

一山一石都心怀敬畏。

师小结：尊重并敬畏土地，这是所有印第安人对待土地的态度。在印第安人的心目中，土地是他们的衣食父母，他们永远怀着一颗谦卑之心，臣服在土地脚下。这就是他们的信仰。

师：这又是一片怎样的土地呢？

师出示PPT。

师：西雅图贯穿太平洋及欧洲斯堪的纳维亚半岛。它海拔最低，却有古老的冰川、活跃的火山和终年积雪的山峰。它拥有青山、湖泊、港湾、河道，拥有温润的气候、如春的四季。无论是在美国本土，还是在世界其他地方，几乎找不到第二个能像西雅图那样的地方，山峦、平地都被几近原始的森林所覆盖。树木葱郁，草地青葱，甚至飘来飘去的雨、轻轻掠过的风，都带着青绿的颜色，所以它又被称为"翡翠城""雨城"等。我们今天熟知的星巴克咖啡，其发祥地就在西雅图，微软和波音公司的总部也都在西雅图。

师：这样一片美得令人心醉的土地，当然值得印第安人如此热爱。顺便问问在座的你们，对于我们脚下的土地，你们热爱吗？

生：爱——

师：尽管我们脚下的土地可能并不如西雅图眼中的那片土地美丽，但对于生活在这片土地上的我们来说，仍然是最美丽的，是值得尊重并热爱的。儿不嫌母丑，狗不嫌家贫，就是这个意思。

师：如果你是西雅图酋长，你甘心就这样带着你的族人离开这片世代居住的土地吗？

生：我当然不愿意。

生：我们世世代代都居住在这片土地上，凭什么要把土地转让给白人。

生：我觉得我们应该和白人打一仗，哪怕死也是值得的。

师：你很勇敢。打仗的结果会是什么样子，你想过吗？

生：大不了就是死嘛。"祖宗疆土，当以死守，不可以尺寸与人"，我们不是才读过么？

师：你倒是死了，你的亲人呢？你的父母、孩子、妻子呢？

生：战争会让无辜的人们受到伤害，特别是老人和孩子。

生：战争只会让印第安人流更多的血，牺牲更多的人。

生：热爱土地的西雅图，他肯定不愿意深爱的这片土地被鲜血玷污。

师：看来在印第安人的心中，土地永远高于一切。即便我们不惜流血牺牲，誓死保卫土地，那战争之后呢？

生：土地仍旧会被白人抢走。

师：结局并没有发生变化，只是白白牺牲了我们这么多人的生命。

生：我也认为不能够打仗。我们前面就讲过，在技术手段上白人比印第安人先进得多，打仗只会让印第安人吃亏。

师：如果必须转让这片土地，作为酋长的你，觉得应该提出哪些条件，才对得起你的族人？

生：我觉得应该提醒他们热爱这片土地。

师：看来土地已经融进你们的血液里啦。

生：我觉得应该向白人要一些粮食，因为我们需要粮食填饱肚子，还要养家糊口。

生：我觉得还可以要一些钱，用钱买生活的必需品。

生：既然要离开这片土地，是不是应该要些马匹和服装呀？

生：还应该要药品。

生：我觉得还应该要枪支弹药，这样打猎就容易一些了。

师：你们想得可真周到，不愧是酋长。由此也可以看出，离开土地不是一件轻松容易的事。作为一个正常人，都会向白人领袖提一些要求的。因为我们离开土地，需要马匹，需要药品，需要粮食，需要在新的地方建造房屋。

师：可是我们看看西雅图酋长，他提了什么条件呢？请快速浏览课文的第四至第八自然段。

生：西雅图反复说，"如果我们把土地转让给你们，你们一定要记住：这片土地是神圣的"，并且告诉白人，应该照顾好河水、空气还有动物。（师板书：河水、空气、动物）

师：选择你感兴趣的其中一个方面去细细地品读，琢磨琢磨为什么西雅图一再叮嘱白人要保护好它们。当然，同桌的两个人也可以一起小声讨论讨论，等一会儿我们一起交流。

生自读、琢磨。同桌小声讨论。老师巡视。

时间大约5分钟。

生：我从"河水为我们解除干渴，滋润着我们的心田，养育我们的子子孙孙"看出河水对人类的重要性。我们知道人类的生存需要河水，没有河水，人类就没办法活下去。

师：我怎么就看不出河水的重要性呢？看看我们今天的河流，多少条被污

染得无法饮用?!可是我们还是活着呀!河水不行就喝井水吧。

生:河水被污染了,井水迟早也要被污染。

师:怎么可能呀?

生:河水被污染之后,它会不断往下渗透,与地下水混为一体。而地下水就是我们平常喝的井水。所以,喝井水也不行。

师:我们喝自来水吧。

生:也不行!因为自来水也来自于河水。

师:我们喝纯净水该可以了吧。

生:纯净水也不行。因为纯净水本来就是从自来水来的,只是把它净化了而已。

师:你们的意思是说,河水、井水、自来水它们紧密相连,一旦河水受到污染,我们的整个水源系统就受到破坏?那我们还是赶紧记住这句话吧。

师出示PPT,生齐读——如果我们把土地转让给你们,请你们一定要记住:这片土地是神圣的。

师:你从中读出了什么?

生:我读出了西雅图的请求,感觉西雅图有些着急。

生:我读出了西雅图的紧张,所以他说请你们一定要记住,他专门加上了"一定"这个词,就是要一再提醒和强调。

生:我读出了西雅图内心有些不安,他害怕白人不善待这片土地。

师:除了河水,对于空气和动物呢?

生:我想要补充一下。河水一旦被污染了,土地上的动物和植物也会受到影响,它们的生命将受到威胁,我们人类也会受到威胁。因为动物要到河里去喝水,有的动物要靠植物维持生存,植物需要河里的水浇灌,而我们人类要靠动物和植物给我们提供食物呀。

师:那食肉动物应该没事吧?

生:不对,食肉动物需要捕食食草动物,如果食草动物有问题,食肉动物也会死亡。

生:你们看嘛,这就是我们常说的生物链。河水养育了青草,青草被食草动物吃掉,食草动物又被食肉动物吃掉,食肉动物成了我们人类的食物。这不就是生物链吗?

师:原来如此。你这么一演示,让我醍醐灌顶呀。那么请你们一起读一读这句话。

师出示PPT，生齐读——如果我们放弃这片土地，转让给你们，你们一定要记住：这片土地是神圣的。

师：你又从他的这句话中听出了什么？

生：难过。

生：不舍。

生：煎熬。

师：好一个"煎熬"呀。这就是西雅图内心真实的写照吧。

师小结：放弃这片写满了记忆和体验的土地，西雅图和他的族人们内心该是多么的挣扎和痛苦，可是离开却是不可逆转的事情。除了叮嘱白人要好好照顾河水，西雅图还请他们照顾好空气和动物。谁来继续聊自己的心得体会？

生：我想说一说关于动物的内容。其实我们都知道，人也是动物中的一种。如果森林里的动物都死了，人们到哪里去寻找肉食？没有肉食，又怎么活呢？

师：吃素怎么样？

生：不行，一直吃素的话人是要死的。一个人不仅需要蔬菜和水果，也需要蛋白质，这只有动物能够提供。

生：动物对于我们来说不光提供食物，它们还是我们的朋友，帮我们人类做事，给我们带来快乐。所以没有了动物人类也不行。

师：那我们一起提醒白人——

生齐读：如果我们放弃这片土地，转让给你们，你们一定要记住：这片土地是神圣的。

师：你从这句话中又听出了什么？

生：西雅图对白人的不放心。

生：西雅图不断地哀求白人，希望白人好好珍惜这片土地。

师：是呀，西雅图一再乞求，忍气吞声，低声下气，他对土地是多么不舍，对白人是多么不放心呀。这一种内心愤怒却又只能强忍住的复杂心态，我们就把它叫作"隐忍"。（板书：隐忍）

师：世代居住在这片神奇的土地上，面对着白人的无赖要求，西雅图不仅没有提苛刻条件，还强忍内心的不满，一再叮嘱白人，要好好保护这片土地。因为这片土地是——（生齐声）神圣的。

热爱土地的西雅图，在演讲的最后这样说道：（出示PPT）任何降临在大地上的事，终究会降临在大地的孩子身上。大地不属于人类，而人类是属于大

地的。

师：你赞成西雅图的这个观点吗？

生：我赞成。因为人和土地紧密联系，是土地上的一切养活了人类。如果我们把土地毁了，我们自己也完蛋了。

生：土地是人类的母亲，母亲都死掉了，哪里还有人类呢？

师小结：感谢西雅图，感谢淳朴的印第安人，他们让我们清楚地明白了土地对于人类的意义。今天的我们更应该牢牢记住西雅图的话语，保护好生养我们的这片土地。

5. 回头再思考

师：学完了这篇课文，我们再次凝视西雅图的图片，你觉得西雅图的这次演讲达到目的了吗？

生：我觉得西雅图已经达到了他的愿望，因为他再三强调这片土地是神圣的，我想每个人都能记住。

生：我觉得虽然西雅图不断提醒白人要记住这片土地是神圣的，可是演讲并不能打动白人听众，因为他们现在只想着财富，什么也听不进去。

生：也许有的人听进去了，有的人依然我行我素。

师：白人到底是否采纳了西雅图的建议呢？也许这个问题值得我们好好思考。（板书：？）

6. 板书

这片土地是神圣的

| 针对性 | 可讲性 | 鼓动性 |
|---|---|---|
| | 河流 | 谦卑 |
| 西雅图 → 白人　神圣　空气 | | 隐忍→　　　? |
| 联系生活　动物 | | |

第二课时

1. 承接上节，提出质疑

师：孩子们，我想请你们回顾一下上节课的内容。请你们回味西雅图的演讲，思考一个问题：作为一个红人听众，你觉得酋长的演讲说出了你的心声没有？如果你是一位白人听众，请问你是否被西雅图酋长打动？

生：如果我是红人，我会很不高兴，本来我们把这大片土地转让给白人就已经很不开心了，酋长不仅不为我们争取利益，还一副苦苦哀求的表情，让人心里特别不舒服。

生：我觉得西雅图应该理直气壮地说出我们内心的痛苦才行。

师：为什么？

生：你想呀，平常如果我们老是哀求别人，别人是看不起我们的。看不起我们，就根本不会把我们的话放在心上，当然就没有用了。

师：如果你是白人呢，你会听从西雅图的召唤吗？

生：我根本不会把西雅图的哀求放在心上。我要的是土地上的财富，我要的是发财，谁有闲心听他说保护土地的事呀。土地关我什么事！

生：我不喜欢那些总是装出一副可怜模样的人，他说的话我根本不会在意。

师：你觉得西雅图在装可怜？

生：怎么不是？如果他觉得自己有道理，为什么不可以理直气壮地把自己的想法说出来？这样才能真正打动听众。一味哀求，就是软弱！

生：我总觉得那些苦苦哀求他人的人是缺乏尊严的。这样的人是得不到别人的尊重的。

师：是不是可以这么理解，西雅图的这次演讲并不能打动听众？

师：其实你们刚才说的也是我一直在思索的问题。当我反复朗读《这片土地是神圣的》之后，我脑袋里面就有了一个大大的问号：为什么这么大片的土地被白人贱价买走，西雅图还如此忍气吞声呢？难道他有什么难言之隐无法启齿？（擦掉板书中的其他内容，仅仅留下了"？"）

2. 寻求新线索

师：本来嘛，西雅图的这次演讲，在演讲史上可是有着举足轻重的地位的，有人称它为《西雅图宣言》，也有人称之为《天鹅之死》。著名评论家王开岭甚至认为它的价值超越了鼎鼎大名的《独立宣言》。可是今天我们一睹芳容，居然觉得它根本无法打动在座的听众。这到底是怎么回事？对此我也百思不得其解。怀着好奇的心理，我四处寻找，嘿嘿，居然让我找到了，找到了距离英语原版最接近的译本，它就是台湾翻译家柯倩华的作品——《西雅图宣言》。

师出示PPT。生齐读：柯倩华，台湾辅仁大学哲学研究所硕士，美国南伊利诺大学哲学博士班研究生，多次获最佳翻译童书奖。

师：那么最接近事实的《西雅图宣言》是什么样的呢？让我们先一起来读一读《西雅图宣言》的开头吧，也许它一开始就会让你大吃一惊。

师出示PPT。生齐读：你怎能把天空、大地的温馨买下？我们不懂。若空气失去了新鲜，流水失去了晶莹，你还能把它买下？

师：你从这开头的句子中读出了什么？

生：我从这两段话中读出了西雅图的不解。他不理解为什么白人想把天空、大地的温馨买下。因为天空不可能被带走，土地也不可能被带走。

生：我读出了西雅图内心的不满。一开始，西雅图就连用两个反问句，反问白人，你们怎么能够把天空把大地买下？就是说，你不可能把天空、大地的温馨买下。空气不新鲜了，流水不晶莹了，你就不会买它了！

生：我感觉西雅图是强忍住内心的愤怒说出这样一番话的。不信，我读给你们听：你怎能把天空、大地的温馨买下？我们不懂。若空气失去了新鲜，流水失去了晶莹，你还能把它买下？按理，这个"我们不懂"的后面应该用感叹号才对，这里居然用的是句号。明显地感觉到西雅图在强忍内心的不满。

师：你真是个会读书的孩子。标点符号往往能够很准确地表达人物的内心感受。

师：作者用反问句好处在哪里？

生：语气更强烈，更能表现出西雅图内心的不满和愤怒。

生：我觉得反映了西雅图对白人行为的痛恨。

师：你能理解西雅图说这番话的心情吗？

生：我能理解。土地被别人强占了，心里肯定很愤怒。

生：西雅图已经很克制了，没有和白人血拼就不错了。

生：要是印第安人没有这么落后就好了，就不用看白人的脸色了，而且白人也不会这么嚣张了。

师：看来，西雅图演讲一开篇就用连续的两个反问句表达了自己的不解和不满，给整个演讲定下了基调。

3. 聆听西雅图

师：让我们猜猜，西雅图酋长接下来会说些什么？

生：我猜西雅图一定会对着白人说出他们的不满和痛苦。

生：我要是西雅图，我一定要揭露事实真相，让所有人都知道我们印第安人不愿离开我们的土地。

生：我要说出我们印第安人的真实感受，不要以为我们印第安人好欺负。

师：难道你不怕白人报复吗？

生：土地都已经被白人抢占了，还怕别的什么呢？难道受了欺负还不敢说话？要是我，我就不怕。

师：你的勇敢让我钦佩。

生：我，我实在是太愤怒了。这世界还有公平吗？祖祖辈辈留下来的土地就这样白白地被抢走，还有天理王法吗？

师：作为阅读者，我们总是在阅读的时候和作者一起往前走，总是在有意无意之间对事态的发展期盼着、揣测着、求证着。这是阅读的一种好方法。开篇对于整篇文章来说，具有定调的作用，演讲更是如此。我们往下看，看看事实是否如我们的猜测。

师出示PPT：华盛顿京城的大统领传话来说，要买我们的地。他要的不只是地。大统领说，会留下一块保护地，留给我们过安逸的日子。这么一来，大统领成了我们的父亲，我们成了他的子女。

师：这段意味深长的话告诉了我们什么呢？（四人小组讨论。讨论时分好任务，一个孩子组织，一个孩子记录，两个孩子准备随后发言）

师：讨论时间到。现在进入交流发言的环节。注意，相同的观点不得重复，可以补充。

生：我们小组讨论出了三点。第一，从第一句话"华盛顿京城的大统领传话来说，要买我们的地"可以看出，白人根本不把印第安人放在眼里，他们买地，只是传话，根本连现场都不去一下。第二，酋长说白人要的不只是地，看来还要别的东西，我们觉得他们要的是土地上的树木、矿产，还有这些动物。第三，大统领说留给我们过安逸的日子。这里感觉像是讽刺，这块保护地本来就是我们自己的土地，还说过安逸的日子。

师：你们小组紧紧围绕着课文的重点词句讨论，是非常好的学习方法！而且这里的讽刺就是一种修辞方式，叫作"反讽"。（板书：反讽）

生：我们小组觉得这里的"保护地"根本就不是真正的保护，其实是白人对印第安人的监视。你想嘛，留下的这一小块儿土地让他们住在里面，肯定是不允许他们随便乱走的，还取个名字叫保护区，其实根本就没有人身自由。还有，我们小组认为这里说"大统领是我们的父亲"，父亲是比较严厉的，是不是说白人对印第安人很凶？关于这点我们还没有想好。

师：父亲和母亲相对比，你觉得他们两人之间有没有不同？

生：母亲比较慈祥，父亲比较严厉，而且我觉得有时候父亲有点厉害。

师：怎么个厉害法？

生：如果我做错了事，老爸有时就会狠狠地凶我，气急了还会打我。妈妈呢，一般就是好好地给我讲道理。

生：我们家刚好相反，我爸比较温和，我妈还经常吼我、批评我。

师：也就是说，对于印第安人来说，一旦出现问题，白人就会狠狠地教训印第安人，让印第安人始终处在白人的统治之下？

师：请第三小组继续汇报。

生：我们组讨论出了两点，第一，我们组觉得这里存在种族歧视。你看嘛，为什么这个大统领会传话来买土地，上节课我们就知道了，这可是200万英亩的土地。白人居然只是传话就要买地，这就是对印第安人的瞧不起，就是种族歧视。第二，我们觉得他要的不只是地，肯定包括土地上的一切东西，除了刚才那个组说的东西，应该还有黄金什么的。

师：土地还出产黄金吗？

生：我查了资料，上面说当时的白人到处占领土地，寻找金矿，每个白人都做着发财梦。所以我觉得这些人抢了印第安人的土地，不光想要土地，还想寻找金矿。

师：看来查阅资料能让我们知道得更多，了解得更清楚。

生：我们小组觉得大统领是白人的领袖，他只会为白人着想，至于印第安人，根本不会把他们放在眼里，他们这样抢占印第安人的土地，就是为了维护白人的利益，就是为了发财。

生：我们小组要补充一下前面同学说的，大统领成了我们的父亲，我们成了他们的子女。本来印第安人和白人是平等的，可是把这片土地转卖给白人之后，白人不仅拥有了土地，成了这片土地的主人，而且还成了印第安人的主人。

师：你想告诉我们什么？

生：我觉得印第安人成了白人的奴隶，受到白人的统治，什么事都必须经过白人同意才行，否则就要遭殃，就要被白人欺负。

师：会怎么欺负？

生：肯定不允许他们随便出门，买什么东西都要经过严格的审查，说不定犯错的人还会被严刑拷打。

师：也就是说他们失去了人身自由。失去土地的后果是多么严重呀！

生：我们组没有什么可说的了，只是补充一点儿，这块保护区的土地其实也是印第安人他们自己的土地，白人把他们叫作保护区，仿佛就成了白人的土地。我想提醒大家，这块土地本来就属于印第安人。

生：失去土地看来太可怕了。所以我们都要记住，"祖宗疆土，当以死守，不可以尺寸与人"。

师：土地对于我们人类的重要性，你们已经通过讨论交流说得非常清楚、非常明白了。正如你们所说，土地一尺一寸，都不可与他人，因为它是我们赖以生存的全部。没有了土地，一切都不存在。

师：刚才两三个小组在交流的时候都提到了"统治"一词，那么什么叫作"统治"呢？

师出示"统治"的相关解释，请生读。

生：统治，就是依靠权势控制、支配和管理。文中指白人依靠手中的武器来控制红人、支配红人和管理红人。

师：听到这儿，你有没有什么问题？

生：既然土地转让如此令人屈辱，为什么不想尽办法阻止土地的转让？

师：是呀，如此令人难堪的转让怎能不让人伤心呢？可是这土地转让能阻止吗？

师出示PPT。生齐读：A. 签订协议都在白人的军队里面，让印第安人没有任何讨价还价的权利。B. 签订的协议条件十分苛刻，而且每次土地需求数目都十分巨大，让印第安人无法正常生活。为此印第安人往往回到家就撕毁协议，给白人以杀戮的口实。C. 后来，白人需要的土地量越来越大，干脆就把印第安人赶出自己的土地，或者一个村落一个村落全部杀掉。

师：面对这样的局面，作为酋长的西雅图如此愤怒和痛苦，可是现实又是如此的残酷和无奈。不知你们注意没有，这整段文字中居然没有一个感叹号，难道此刻的西雅图看上去很平静？

生：只有内心平静，才能把事情的来龙去脉说得更清楚。太激动了，反而没办法把事情说清楚。

师：有理不在声高。正如你们所言，此刻，西雅图唯有冷静沉着，才能条分缕析地摆事实、讲道理，才能让白人听得进自己的言论。看来西雅图不愧为受人尊敬的酋长。

师：那么演讲可否到此结束？

生：如果到此结束，感觉演讲没有结束，让人不太明白西雅图演讲的目的到底是什么。

生：我觉得刚才的演讲只是揭露了土地转让的实质，还要把这件事与白人到底是怎么做坏事的联系在一起才可以，不然就没有说服力。

生：而且如果西雅图拿不出具体的事例来，白人会觉得西雅图是诬陷，是没有根据地乱说。

师：你们的分析有道理。也就是说，西雅图的演讲不仅要做到不卑不亢，而且要有理有据，才能让白人听众被打动，才能让印第安人平静下来。（板书：不卑不亢、有理有据）那好，那让我们一起来读一读西雅图是怎么说的。

师出示PPT：在白人眼里，哪一块地都一样，可以趁夜打劫，各取所需，拿了就走。对白人来说，大地不是他的兄弟，大地是他的仇敌，他要一一征服。

白人可以把父亲的墓地弃之不顾。父亲的安息之地，儿女的出生之地，他可以不放在心上。在他看来，天、大地、母亲、兄弟都可以随意买下、掠夺，或像羊群或串珠一样卖出。他贪得无厌，大口大口吞食土地之后，任由大地成为片片荒漠。

师：你从这两段话中读出了西雅图酋长什么样的感受？将你的感受带回到文字中，读给你自己听。

孩子们自由小声地练读。

生：我从这两段话中读出了酋长的悲哀。白人完全不顾及“我们”的感受，想怎么干就怎么干。

生：我从这两段话中读出了西雅图酋长的悲愤，又有些无可奈何，谁让“我们”没有精良的武器呢？

生：我无话可说，也不想说了。他们真是太可恶了。

生：我从中读出了酋长的勇气。大家想想，本来印第安人是害怕白人的，更害怕白人对他们的报复。酋长细数他们的不是，说他们像强盗、抢劫犯一样贪得无厌，不相当于当面给他们一记耳光？台下的白人怎么丢得起这个面子？所以我佩服酋长的举动。

师：你们真是太会读书了，通过读，你们不仅读出了西雅图当时的感受，还体会到西雅图说出这样一番话所做出的努力。列举白人的不义之举，正是为了能让白人从疯狂的行为中清醒过来。为此，西雅图在演讲的最后这样说道（师出示PPT）——

生命已到了尽头，是偷生的开始。

师：读着这句话，你有什么想说的吗？

生：我从这句话中读出了西雅图内心的沉重。印第安人世代居住的地方，被突然闯进来的白人践踏得面目全非，土地上的动物、植物都遭受了灭顶之灾，人还怎么活呀？眼前的这一切让印第安人的心在流血，也让他们看不到未来，所以西雅图才会说"生命已到了尽头，是偷生的开始"。

生：偷生应该就是苟且偷生的意思，就是活一天算一天。如果我们面对这样的场景，也会有这样的悲哀。毕竟印第安人是以土地为生的，土地就是他们生活的全部。没有了麋鹿、骏马，野牛也被成批地杀死了，河流都变了色，树木都被砍掉了，当然就没办法活了，只能活多久算多久。

生：我觉得这句话对今天的我们也有告诫作用。如果我们不保护好我们的土地，破坏环境，使得空气不能呼吸，河水不能喝，土地也重金属污染，那我们以后怎么办呢？所以，我们也要记住，现在的我们也是"生命已到了尽头，是偷生的开始"。

生：我要补充一点儿。其实现在我们出门都要戴口罩，喝水都要安净化装置，好多东西都不能吃。这样的生活难道不是偷生？

师：看来孩子们对"偷生"已经有了深刻的认识，特别令人欣喜的是你们能够联系我们的日常生活来聊课文，这是非常可喜的。你们现在认为这样的演讲能够打动在座的听众么？

生齐答：能——（板书："？"改成"！"）

师：正因为《西雅图宣言》深深地打动了在座的白人和他们的领导者，所以，后来，在西雅图朋友戴维·斯温森·梅纳德的提议下，这片美丽的土地被命名为——

生："西雅图。"

师：历史使人明智。记住过去发生的一些重大事件，无疑是对我们未来走向的鞭策。让我们牢牢地记住：（生读）生命已到了尽头，是偷生的开始。

师：我猜测，下课之后，一定会有很多孩子都会去重读《西雅图宣言》，我相信你们一定能从这篇演讲稿中读出更多的信息来，对此我毫不怀疑。借此机会，我向你们隆重推荐一篇非常棒的演讲稿：马丁·路德·金的演讲《我有一个梦想》。谢谢你们！下课——

# 生命的意义

　　我们该如何面对生命？作为一名老师，有必要和孩子一起好好地探讨这个严肃深远的话题。因此在一次国培观摩课上，我选择了史铁生老师的《树林里的上帝》，希望借此能让孩子们有一次深刻的生命之旅。也许在课堂上并不能完全理解生命本质给予我们的体悟，但起码可以试着去探究生命渴望告诉我们的密码。生命长河之中，谁是谁的上帝？我们擦亮眼睛四处寻觅……

## 【文本】

## 树林里的上帝[1]

### 史铁生

　　人们说，她是个疯子。她常常到河边那片黑苍苍的树林中去游荡，穿着雪白的连衣裙，总"嘀嘀咕咕"地对自己说着什么，像一个幽灵。

　　那儿有许多昆虫：蝉、蜻蜓、蜗牛、蚂蚱、蜘蛛……她去寻找每一只遇难的小虫。

　　一只甲虫躺在青石上，绝望地空划着细腿。她小心地帮它翻身。看它张开翅膀飞去，她说："它一定莫名其妙，一定在感谢命运之神呢。"

　　几只蚂蚁吃力地拖着一块面包屑。她用树叶把面包屑铲起，送到了蚁穴近旁。她笑了，想起一句俗话：天上掉馅饼。"它们回家后一定是又惊又喜。"她说，"庆祝上帝的恩典吧！"

　　一个小伙子用气枪瞄准着树上的麻雀。她急忙捡起一块石子，全力向树上抛去。鸟儿"扑棱"飞上了高空……几个老人在河边垂钓。她唱着叫着，在河边奔跑，鱼儿惊惶地沉下了河底……孩子们猫着

---

1　选自《新语文读本》小学卷第九册。南宁：广西教育出版社，2011年，第82页。

腰，端着网，在捕蜻蜓。她摇着一根树枝把蜻蜓赶跑……这些是她最感快慰的事情。自然，这要招来阵阵恶骂："疯子！臭疯子！"但她毫无反应。她正陶醉在幸福中。她对自己说："我就是它们的上帝，它们的命运之神。"

然而，有一种情况却使她茫然：一只螳螂正悄悄地接近一只瓢虫。是夺去螳螂赖以生存的口粮呢？还是见瓢虫死于非命而不救？她只是双手使劲地揉搓着裙子，焦急而紧张地注视着螳螂和瓢虫，脸色煞白。她不知道该让谁死，谁活。直至那弱肉强食的斗争结束，她才颓然坐在草地上，"我不是一个善良的上帝。"她说。而且她怀疑了天上的上帝，他既是芸芸众生的救星，为什么一定要搞成这你死我活的局面？

她在林中游荡，"嘀嘀咕咕"的，像一个幽灵。

一天，她看见几个孩子用树枝拨弄着一只失去了螫针的蜜蜂。那只蜜蜂滚得浑身是土，疲惫地昏头昏脑地爬。她小时候就听姥姥讲过，蜜蜂丢了螫针就要被蜂群拒之门外，孤独地死去。蜜蜂向东爬，孩子们把它拨向西，它向西爬，又被拨向东。她走过去，一脚把那只蜜蜂踩死了。她呆呆地望着天空……

她从此不再去那树林。

## 【课堂实录】

## 《树林里的上帝》

师：同学们好！

生：老师好！

师：请同学们翻开新语文读本第87页，今天我们一起来学习史铁生先生的文章《树林里的上帝》。

师：请同学们默读课文，一边读一边想，想想课文讲了一件什么事情？

生：《树林里的上帝》这篇课文讲的是一个小姑娘去森林里帮助各种小动物，后来她看到瓢虫被螳螂吃掉，还看到很多孩子玩耍快要死掉的蜜蜂，她踩死了蜜蜂，从此不再去那片树林。

师板书：去→不去。

师：是的，一开始这个小姑娘觉得自己是树林里的上帝，后来觉得自己不再是树林里的上帝。

师：我们既然要上这篇课文，首先一定要弄懂课文中的关键词。（师出示PPT）我们来看看上帝的含义是什么。

生读：《现代汉语词典》这样解释——

1. 我国古代指天上主宰万物的神；

2. 基督教所崇奉的神，被认为是宇宙万物的创造者和主宰者。

师：懂这个解释的意思吧？

生齐声：懂——

师：（出示PPT）预习的时候，我发现你们提出的问题主要集中在下面两个问题上。请同学来读一读。

生：为什么说这个小女孩是树林里的上帝？（29人）

生：既然小孩子是树林里的上帝，为什么文章最后却说她"从此不再去那树林"？（31人）

师：这是昨天预习时绝大多数同学提出来的问题。那么今天这节课我们就重点解决这两个问题。大家有信心解决吗？

生：（齐答）有——

师出示第一个问题。

师：为什么说"小女孩是树林里的上帝"？请在文中找到相关的内容，并用序号标示出来。5分钟以后我们大家来交流。好，现在开始。

孩子们埋头寻找并标注。

老师巡视，小声与个别孩子交流。

师：好了。现在谁第一个来交流自己的批注。

生：我一共找到了七处。第一个地方在课文的第三自然段："一只甲虫躺在青石上，绝望地空划着细腿。她小心地帮它翻身。"我觉得这里是一处。第二处在课文的第四自然段："几只蚂蚁吃力地拖着一块面包屑。她用树叶把面包屑铲起，送到了蚁穴近旁。"这里也是。

生：我觉得第三处是课文第五自然段的"一个小伙子用气枪瞄准着树上的麻雀。她急忙捡起一块石子，全力向树上抛去。鸟儿'扑棱'飞上了高空"，这是第三处。

生：也在第五自然段。"几个老人在河边垂钓。她唱着叫着，在河边奔跑，鱼儿惊惶地沉下了河底。"这个地方也在写她是树林里的上帝。

生：我觉得第五自然段还有个地方也是在写她是树林里的上帝。"孩子们猫着腰，端着网，在捕蜻蜓。她摇着一根树枝把蜻蜓赶跑。"这也是在写她是树林里的上帝。

生：我觉得还有一句话能说明她是树林里的上帝。课文第五自然段中写道："她正陶醉在幸福中。她对自己说：'我就是它们的上帝，它们的命运之神。'"

师：孩子，还有别的事情说明她是树林里的上帝吗？

生：我觉得还有第八自然段，"她看见几个孩子用树枝拨弄着一只失去了螫针的蜜蜂"。如果孩子们继续拨弄这只蜜蜂，这只蜜蜂会生不如死。她看不下去了，就想帮助这只蜜蜂。

师：把蜜蜂踩死！你认为她是上帝？你们同意吗？

有的同意，有的表示不同意。

生：我同意沈某某的观点。因为一个人如果生不如死的话，他还是想快一点儿死去。

师：可我觉得好死不如赖活着呀。

生：我反对汪老师的观点。那为什么有人在生不如死的时候，会选择自杀呢？

师：你的意思是说——

生：我的意思是说她在帮助蜜蜂从痛苦中解脱出来。

师：你的意思是说它应该死去，小女孩成全了它。可是我前两天去了华西医院，我看到了那么多得了绝症的人，他们也在痛苦地挣扎，可我也没有看到他们选择死亡呀。

生：我觉得一个人的生命来之不易，而且生命又只有一次，所以他们选择活下去。

师：书中写了它们的生命只有一次吗？你能到书中去找到根据吗？

生：我觉得从书中的一句话可以看出："她小时候就听姥姥讲过，蜜蜂丢了螫针就要被蜂群拒之门外，孤独地死去。"既然它孤独地死去，那还不如一下子痛快地死去算了。

师：可我还是不同意。虽然孤独，也不至于要死了，要知道死很容易，要再活回来可是不可能的。世界上这么多人不都孤独地活着吗，谁又宁愿死去？

生：那是因为那些病人觉得自己还有活着的希望。可关键是第八自然段写清楚了："蜜蜂丢了螫针就要被蜂群拒之门外，孤独地死去。"它都已经丢了螫针了，它活着已经没有任何意义了。而且孩子们拨弄着它，让它已经找不到东南西北了。这样长痛还不如短痛，所以小女孩一脚踩死了它。

师：看来你们一致认为，这个小女孩就是上帝，一脚踩死蜜蜂，也是为了让蜜蜂从生不如死的痛苦中解脱出来。可是为什么在我们的生活中，那些得了肝癌、肺癌等绝症的人，都还在四处求医，忍受着痛苦，苦苦挣扎呢？

生：那些得了癌症的人，虽然他们希望渺茫，但是他们有医护人员竭尽全力地帮助他们，寻求康复。可是那只蜜蜂本来就丢了螫针，不但没有得到帮助，那些孩子还想方设法地折磨它，让它求生不得求死不能。这样还不如让它死去更好。

师：难道蜜蜂除了死去没有别的活法？

生：我不赞成汪老师的看法。

师：你们为什么老和我作对？（听众大笑）

生（继续）：我从第八自然段第一句"她看见几个孩子用树枝拨弄着一只失去了螫针的蜜蜂"可以看出，这只蜜蜂被孩子们拨弄得晕头转向，也就是说孩子们把这只蜜蜂当作一个玩具。玩具是没有生命的，蜜蜂在此刻的孩子们眼里也只是没有生命的玩具。

师：哦——，没有生命，那的确是很可怕。

生：我觉得这只蜜蜂不能和那些得了癌症的病人相提并论。因为得了癌症的病人他们有医生帮助，而这只蜜蜂先不说有没有人帮助，它被孩子们当作玩具，连它自己都不知道自己到底是活着还是已经死了，所以这个小女孩想帮助它解脱。

师：这怎么让我想起了《天蓝色的彼岸》这本书？"它似乎活着，可是又似乎死了，走在通向天蓝色彼岸的路上。"

生：我想说蜜蜂失去了螫针，死已成定局，无可挽回。

师：我记得我们读《天蓝色的彼岸》的时候，我们说——

生：每一个人都要死去。蜜蜂也有死去的一天。

师：也就是说，我们每一个人都走在从出生到死亡的路上。

生：我赞成前面几位同学的观点。一个人要活下去，是因为他有活下去的欲望，在生活中他能找到希望。可是这只蜜蜂没有活下去的欲望了，它疲惫地昏头昏脑地爬着，它没有想过去找回自己的同伴，即使找到了同伴，也得不到同伴们的认可。小女孩把它踩死，其实是为了让它从痛不欲生中解脱出来。这样蜜蜂还好过些。

师：看来你们都是反驳我的，都觉得在这样的情形下小女孩其实是在为蜜蜂解除痛苦。

生（小声地）：我有不同看法。

师：难道你和我站在一条线上？（众笑）

生：我从课文第八自然段的最后一句话"她呆呆地看着天空"这里，看出小女孩踩死了蜜蜂之后心里很不开心。其实我觉得这个小女孩看着孩子们拨弄蜜蜂时，她完全可以先告诉孩子们不能这样对待蜜蜂，然后把蜜蜂带回家，即便蜜蜂会死去，至少活得轻松一点儿也好呀，也总比蜜蜂死在孩子们的脚下好得多。

师：我特别特别佩服你，孩子，你很善于读书，能根据书中的内容寻找自己需要的答案，很棒哟！

师：对。"她呆呆地望着天空"，内心一定矛盾极了，她踩死蜜蜂到底是对还是错呢？

师：如果我们用一个词来概括小女孩在树林里为小动物所做的一切，我们可以用——

生：热爱、喜欢。

师：热爱。（板书：热爱）

师：可是这个如此热爱小动物的小女孩却选择了从此不再去树林。现在我们来看看第二个问题：小女孩为什么不再去树林了？现在有请四人小组根据课文内容以及你们的课外阅读和生活经历进行讨论。记录员做好记录，发言人准备好发言。需注意的是等一会儿发言的时候，相同的内容不再重复。

学生分组进行讨论。

讨论时间为7分钟。

师：接下来的时间我就把发言权交给你们了。现在有请一小组。

生：我们小组觉得小女孩不想看到弱肉强食的局面。还有第八自然段说的，"她呆呆地望着天空"，说明她踩死了蜜蜂，心里很难受，也很愧疚。所以她再也不想到树林里去。

生：我们小组认为有三点。第一点，这个小女孩觉得自己无法做一个善良的上帝，她不知道自己的做法是不是正确；第二，她面对弱肉强食的场面时很无助，她不知道到底该谁活谁死；第三点和第一小组一样，她不愿再看到弱肉强食的局面，而且她还怀疑天上的上帝，既然它普度众生，为何还要搞成这样你死我活的局面。

生：结合一、二小组的观点，加上课文第六和第八自然段的说法，我们认为，就像我们很生气的时候，看到一张报纸，我们就会把它撕掉，文中的小女孩看到树林里弱肉强食的局面就很怀疑上帝，又看到几个孩子用树枝拨弄着失去螯针的蜜蜂，她就觉得上帝特别不公平。世界应该是和谐的，为什么还有那么多的小动物无辜地死去呢？她就恨上帝，上前一脚踩死了蜜蜂。后来等到她火气消了，就很自责，也很愧疚，她觉得自己不是上帝，不能救出这些受害的小动物。于是她就不去那片树林了。

生：我们从第六自然段看出她觉得自己不是善良的上帝，她怀疑自己的能力，觉得自己无能为力，有些沮丧。然后在课文的第八自然段，她踩死蜜蜂之后呆呆地望着天空，觉得自己对小动物完全没有保护的能力，所以她从此就不再去树林了。

生：我们小组认为小女孩不去树林的重要原因是树林里的很多事情是她无力改变的。第六自然段里说她开始怀疑自己不是一个善良的上帝，说明她开始怀疑自己的能力。她无法改变弱肉强食这一自然法则，也说明她无法帮助这些昆虫。

师：什么叫"弱肉强食"？

生：就是弱者被强者欺凌。小女孩觉得自己无论帮助了哪一方，另一方都会受到伤害。

生：我们小组还讨论出一条，她不想看到任何动物死去，无论谁死去，她都会很悲伤，可她又控制不住自己的情绪。所以她不再去那片树林。

生：我们小组觉得她不再去树林是因为她改变不了食物链，也就是其他小组说的弱肉强食，她觉得自己没有资格当小动物们的上帝。第二点，我们认为如果你热爱某一种动物，最好的办法是不要去打扰它，让它自由生活。而从文中前面的几个自然段可以看出，这个小女孩总是打扰动物们的生活，比如她为空划着身子的甲虫翻身，我相信空划着腿的甲虫总有一次可以翻过身来；蚂蚁自己拖着面包屑往蚁穴里拉，我相信蚂蚁通过自己的努力一定能够将面包屑拉回家。她这样的帮助反而让甲虫和蚂蚁束手无策。

生：我们组觉得小女孩是尊重动物、热爱动物的，所以她每当想再去树林的时候，就想起踩死蜜蜂的情形，所以她很无奈，就不好意思再去树林了。还有一条，从课文的第八自然段可以看出，"她呆呆地望着天空"，说明她做了很久的思想斗争，以后还要不要去树林。后来她觉得再去树林也不能改变什么，所以就不再去树林了。

师：刚才你们都已经谈到了弱肉强食、食物链等很多问题，可是我还想不通，这个小女孩被人们称为——

生：疯子——

师：是呀，一个人被别人称为"疯子"，这难道不是她不去树林的一个原因吗？要是我，别人一喊我疯子，我肯定就不去了，这多让人无法忍受呀！本来我就是一个女孩子，胆很小。

生：（小声地）胆小没主见。

师：谁说我没主见。胆小不等于没主见。

生：我觉得她是热爱这些动物的，如果热爱动物当然不怕别人骂了。

师：孩子，我希望你到书中去寻找答案，好吗？

生：书中说，"这些是她最感快慰的事情"，别人说什么她都不会理会了。

师：看来她是一个很勇敢的人。

生：第五自然段说了，"自然，这要招来阵阵恶骂：'疯子！臭疯子！'但她毫无反应。她正陶醉在幸福中"。在她看来，她就是它们的上帝，它们的命运之神。

生：我赞同他们的说法。从"但她毫无反应"感觉她那时就像一个聋子似的，听不到骂她"疯子！臭疯子！"这样的话，她只知道帮助了这些小动物，自己就是动物们的上帝，感觉自己很满足，根本听不到他们在说什么，他们就像隐形了似的。

生：我也是从他们说的这句话看出来的，她非常喜欢这些小动物，投入到自己的幸福中了，所以她就相当于是个聋子，听不见他人的恶骂了。

生：我从第五自然段"自然"这个词中知道，她已经做好了心理准备。她知道自己去帮助这些动物，肯定会让别的人不高兴，当然会招来别人的恶骂。别人在池塘边辛辛苦苦地钓鱼，你把鱼给赶跑，总不可能还让别人来感谢你吧。所以她已经做好了心理准备，来承受这些恶骂。所以老师说小女孩因为被人骂就离开树林是不正确的。

师：从你们的发言可以看出来，其实这个所谓的"疯子"就是——

生：一个心地善良的、一心为动物的"上帝"。

师：看来你们自己已经解决了预习时有7个孩子提出的"为什么别人称她为疯子"的问题。

师：那么，这篇文章到底想告诉我们什么呢？

师出示PPT。

生：热爱他们，就应该尊重他们，尊重他们的存在方式。——央视《动物世界》主持人，石琼璘。

配乐，学生谈自己的体会。

生：我觉得她说的就是，我们热爱自然就不要去伤害它们，让它们好好活着。

生：我觉得热爱自然的最好方式就是让它们按照自己喜欢的方式活着，不要去打扰它们。

生：我觉得热爱它们就是尊重自然弱肉强食的法则，不要干涉它们的生活原则，否则即使在你看来是正确的，在动物看来也是一场灾难。

生：动物的生存方式经过了很长时间的演变才成为现在这个样子的，我们最好远离动物，让它们生活得自由，无拘无束。

生：热爱他们，其实就是尊重生命，我们尊重它们，就是不要用我们人类的方式去干涉、去打扰，不要大惊小怪，因为这是自然本来的样子。

生：其实文中这个小女孩虽然很爱小蚂蚁，可是你去帮助它们，就破坏了它们团结协作的精神，它们本身的能力也会逐渐衰弱，反而成了一件坏事。这也是不要打扰的一层意思。

生：如果我们爱大自然，就应该爱大自然的一切东西。如果只爱其中的某些动物，另外的动物就必须做出牺牲，这是不符合自然的原则的。

师：孩子们，你们对自然、生命的认识已经比较深刻了。（出示PPT）现在我给各位推荐一本关于自然与生命的书籍——《地球也是它们的》。

师：是的，生命不仅是我们人类的，也是自然界一切事物都应该拥有的。现在，很多自然的法则正在被打破，人类正按照自己的意愿强势占领自然，控制它们的生命，也由此产生了很多我们人类无法控制的局面……其实，破坏自然，伤及无辜，伤害的最终是我们人类自己。

师：好，今天的课就上到这儿。下课！孩子们再见！

# 真与假的较量

## 真假难辨

前一段时间，我看到朋友发给我两则关于小龙虾的消息，觉得这小龙虾实在是太可怕了。出于好心的提示和对大家的关心，我也随手将这两则消息转发给了朋友们，同时还将它发到了"静悄悄的革命"的QQ群上，被杂志社编辑逮个正着。他们建议我就这件事在班上与学生来一次讨论，看看孩子们怎么说。出于对自己行为带来的不良后果之歉意，也抱着好奇的心态，我与学生进行了一次有意思的对话。

【网络新闻】

（一）"小龙虾吃不得"

（二）"麻辣小龙虾的真相"

【对话】

### 小道消息，止于智者

**课堂对话**

师出示这两则消息。孩子们自由阅读。

师：你们觉得老师这样直接将信息发到QQ群上的行为是否合适？

生：我觉得这样做不合适。因为汪老师这样急急忙忙地将信息发到网上，并没有对这件事进行核实。而我们查资料可以发现，小龙虾这件事其实是一段谣言。专家还专门进行了辟谣。

生：我觉得这样的做法是合适的。我上网查询，发现因吃小龙虾生病的、住院的还有过敏的都存在。小龙虾在淡水中生活，而吃小龙虾会导致一些人因为肌溶解而产生疾病。

生：我不同意。我也查了关于肌溶解的资料。这种现象只发生在极少数的个体身上，因为这个肌溶解并不一定是吃小龙虾导致的。另外，曾经有23个人同吃小龙虾出现问题，经过治疗，结果有22人痊愈，仅1人住院治疗，也没什么大碍，说明这个病是可以治好的。而且并不是所有人都会（因吃小龙虾）出问题。我们平常说的极端个例并没有代表性。小龙虾的毒素都集中在头部，只要你把头部清洗干净，煮熟了再吃，是完全没有问题的，是安全的。

生：我还是觉得小龙虾很恐怖。生命是我们自己的，看到报道写得这么可怕，我觉得应该对人还是有伤害的。我不敢拿自己的生命开玩笑。

生：有人说小龙虾会对中国人的生命造成威胁。其实我觉得它和中国的食品有巨大的差别。你看中国的食品——

师：你所说的巨大差别到底是指什么？

生：我认为这个差别是说吃小龙虾引发的疾病比我们吃其他食物造成的疾病要少得多。再说了，任何东西都可能有人不适合吃，比如吃香菇过敏的人也不少，难道说我们大家都为此不吃香菇了吗？

生：我首先想说汪老师在第一时间把看到的这个小龙虾的信息发布到群上，这个行为还是值得肯定的，说明汪老师是非常关心我们的。可是我觉得这个小龙虾即便吃了对人有害也还是正常的。（有人大声"啊"了一声）

师：小龙虾有毒也是正常的？

生：我认为说小龙虾有毒是因为小龙虾的生长环境。因为别的动物可能在这样的环境下生存都成问题，可是小龙虾还生长得这样好，所以大家就觉得小龙虾是很可怕的。

生：我觉得这正说明了小龙虾有着非同一般的生存能力。我查阅了资料，说小龙虾有虾青素是因为小龙虾食用了含有虾青素的藻类和细菌，然后这些藻类和细菌中的虾青素在小龙虾体内逐渐积累起来，才形成了这种特有的红色物质。

师：也就是说小龙虾的生存环境让人觉得它很脏？

生：这个也不能怪小龙虾，这是因为在清洁的环境中小龙虾根本找不到它需要的虾青素。

师：也就是说它的身体条件决定了它的生存环境。小龙虾生活的淤泥对于我们人来说好像是不能接受的。

生：我觉得小龙虾生活在淤泥中并没有什么错，就像我们人类生存需要在陆地上一样。

生：如果说小龙虾生长在淤泥中是需要虾青素的话，那么没有了淤泥小龙虾就不需要虾青素了。在清水中它也是能生存的，而且在清水中饲养的小龙虾生存得还很好。有一些养殖户就是在清水中养殖小龙虾，看上去就没有这么令人恶心了，而且在清水中养殖它也并不那么困难。

生：查资料发现，越是在恶劣的环境中，小龙虾的生存能力越强。它的免疫力极强，生活在淤泥中是无可厚非的。

生：我觉得吃小龙虾应该是没有问题的，反正我们吃它之前都要洗干净呀。

生：那我想问问，苍蝇你吃不吃？苍蝇也有着极强的免疫力。可我们没有人能接受这样的免疫力，它看起来就让人想吐。

生：那我想问你，猪生活在猪圈里，猪圈里每天都充斥着猪屎猪尿，那我们还吃猪肉，又怎么解释？（生大笑）小龙虾自身的免疫力比普通龙虾高12倍，所以它才能生活在淤泥中。

生：小龙虾身上的虾青素抗病菌的能力非常强。为了对抗恶劣的环境，环境越差，它摄入的虾青素就越多，抵抗能力就越强，它的繁殖能力就越强。

师：那就是说小龙虾是主动在与自然环境作斗争，是恶劣环境让小龙虾变得更强大。那你会继续吃小龙虾吗？

生：不会吃。我心里无法忍受它的恶心。

生：我觉得这是小龙虾长期生存的结果。它已经习惯了这样的生存条件，如果我们把它扔进清水中养殖，虽然它会长得很好，可是它没有了繁殖能力，会导致它的灭绝。所以它只在浑浊的地方生存也是没有办法的。

师：它是为了自己的后代才这样的？

生：对呀，它生活在肮脏的环境中，并不能表明它自身携带了很多的毒素呀。如果我们买到的小龙虾看上去就是要死不活的，说明它已经很不健康，我肯定不会吃。可是我看到小龙虾个个都是活蹦乱跳的，肯定是身体健康的，这正可以说明小龙虾具有强大的抵抗力。它的毒素都集中在头部，所以我们只要去掉头部，就可以继续吃。

生：刚才已经说到，只要去掉小龙虾的头部就可以放心食用了。其实我们在吃之前都会进行高温消毒，只要把它煮熟煮透，我觉得吃起来应该一点儿问题都没有，所以我也会继续吃它。只不过以后我会在吃它之前强调把它煮到完全熟透为止。

师：这是一个很好的提示。

生：我也会继续吃小龙虾。小龙虾正是因为环境恶劣，才进化出强大的免疫力。如果把它放在清水中养殖，没有了虾青素，会不会导致小龙虾变异呀？小龙虾历经这么多年，一直生活在淤泥里，这正说明它与别的龙虾不一样的地方。就像河马，它就喜欢把便便弄在池子里，难道你能说河马就不健康？

生：小龙虾生活在淤泥里，它的繁殖也需要在淤泥里，这是它生存的需要而已。我们在吃小龙虾时，只需要把它清洗干净，把脑袋取下来就可以清除掉它身上含有的毒素了，所以我觉得吃小龙虾没有什么问题。

师：经过我们这样一番有理有据的讨论之后，我们以后还会一如既往地吃小龙虾的请举手。（数人数）有24人愿意继续享用小龙虾。

师：现在看来，在小龙虾事件中，老师传播了有关小龙虾的信息之后，通过讨论，我们得出了自己的结论。仁者见仁，智者见智，在寻找真相的路上我们迈出了可喜的一步。那我想问问，我们现在每天面对浩如烟海的新闻、那么多的事件，你相信那些形形色色的消息吗？或者说你如何看待各类新闻？八卦的、娱乐的、严肃的、搞笑的……

生：我对新闻持半信半疑的态度。比如有人传播某快餐品牌使用的鸡有六条腿之类的新闻，我就不相信。但是为了安全起见，我还是尽量不选择有问题的食品。我想，不可能所有的鸡都是这样子的，有没有人是为了搞笑或别的什么目的发布这样的新闻。关于食品方面的东西，一旦曝光我肯定不敢再吃，因为这涉及人的生命和健康。有商家专门宣传自己的食物是健康的、有机的，我也不完全相信。

生：在网上我也看到了像"鸡有六条腿"这样的新闻。但是有时我也有点反感，因为他们总喜欢用一些奇怪的标题让顾客不知道该怎么选择。所以有时尽管它是谣言，但我觉得它也不一定都是谣传，还是不吃为好。

生：听了他们的一番话，我觉得面对新闻不能偏听哪一家的，必须要认真思考，多想想才行。

生：可是不管怎么样，人要活下去就得吃东西。我们不可能不吃东西，我觉得不管什么时候，我们都只能按照正常的生活秩序生活下去，不然一切都乱套了。如果大家都说这样食品有问题，那样食品有问题，那我还吃不吃东西呀？就算有些新闻是真的，可是我们如果付出了太大的精力，那是不是就会对我们的生活造成极大的影响呢？我们还怎么生活呢？

生：我认为这也是人们不断追求更高质量生活的原因。就像现在说到的转基因食品，也是因为人们不断增加粮食需求的结果。

师：我们是不是应该回到对新闻的态度上面来？

生：现在的新闻有很多时候是把小事夸大来吸引人们的眼球，故意制造一些爆炸性的新闻，其实它有时就是一件小事，然而人们人为地夸大了它。比如上次制造的假新闻，说中国的盐以后会没有了，结果一些人不明真相，就去疯狂地抢购，结果商店里的盐都卖完了，盐价也提高了不少。

师：那你认为盐真的会没有了吗？

生：怎么可能？我觉得应该是商家为了促销，或者盐比较滞销，就制造了这么一个假新闻。

生：我家住在一个商场的附近。有一天，我爷爷听说大家都在抢盐，就喊家里的人都去抢购，结果买回来了好大一堆盐，这下恐怕要吃好多年哟。

师：你认为这件事是假的还是新闻是假的？

生：新闻是假的。

生：网上的新闻有时让人摸不着头脑。比如前一段时间网上一会儿说房子要涨价，一会儿又说房子要狂跌，害得我妈妈一会儿又想买房子，一会儿又想卖房子。他们其实放出这样的新闻就是想让我们没办法想清楚。

生：我知道了，这是他们想骗大家，好自己赚钱。

师：为什么？

生：制造虚假的谣言让大家想不清楚，然后不明白的人就上当了，他们就赚钱了。

师：也就是说虚假的新闻容易让人上当。

生：还有一些记者，专门发布一些小道消息，这种新闻刚开始的时候基本没有什么人关注。然后他们自己继续发布新闻，自己炒作，等到有了一定关注度之后，这个记者就可以得到台长的青睐。

师：看来也是有利益在里面呀。

生：有的新闻纯粹就是骗人的。有一天我爸爸在电视上看到一则广告，说有一款品牌手机，有非常强大的功能，可以上网，可以拍照，而且拍出来的照片非常漂亮，才300多块钱。我爸爸就打了一个电话过去，对方就把手机送了过来。爸爸付了款之后，再打开包裹看手机，就发现这手机根本就不能用，除了可以拨打电话，别的功能都没有，根本不是广告上说的那样。爸爸打电话给对方要求退款，对方不同意。爸爸找了他们很多次，根本没用。后来爸爸想了很多办法，最后只好把手机拿到维修站去。维修站说手机的主板不行，要换主板需要700多，爸爸就只好算了，重新花钱买了一部手机。

师：所以你觉得对新闻，包括广告新闻都要特别小心？

生：我不完全同意他的看法。他把虚假广告和新闻混在一起了。就是广告也不一定就是假的。我外婆就特别喜欢看电视购物节目。有一次她看电视买了一套刀具，外婆说刀具质量非常好，而且还保证七天无理由退货。所以我觉得说电视上面的广告都是虚假的是不正确的。

生：我姐姐也在电视购物频道上买了一部手机，质量也不错，价钱也还公道。以前她在电视上购物也被骗过，这说明不是所有的购物频道都是骗人的，还是有值得信赖的。所以我们不能随便给所有的广告下（一个虚假的）结论。

生：我曾经看过一个电视节目，专门报道电视购物上面的广告。据说有一个电视购物广告说有一款手机是黄金做的，而且用砖头也砸不烂，质量又好价钱又便宜，还送好多东西。后来记者去暗访，发现这个手机除了机壳是镀金的，里面都是空的。这不是真资格的歪货嘛？结果好多人上当受骗。难道这不能说明广告有虚假的吗？

生：其实我觉得一句话就可以总结他们的观点，就是面对广告和新闻，我们要擦亮双眼，多想一下才行。就像你们刚才说的那条手机广告，你想嘛，黄金做的手机才要700多块钱，还要送东西给你，那黄金不是太便宜了吗？！要不是贪财，多想想，就不会上当受骗了。

生：还有的新闻有点无理取闹的感觉，那天我看到一段新闻，先是一个盲人在路上走，然后三个残疾人在路边摆摊要钱；后来又拍两个盲人在路上走，又拍四个残疾人在路边要钱；后来又揭露他们都不是盲人，也不是残疾人。我在想，是谁发现他们不是盲人和残疾人呢？

师：你觉得这个广告是无理取闹？

生：是呀，作为新闻，你如果要揭穿这些人，你可以把怎么发现他们秘密的过程放出来呀，又何必让人去猜测呢？对于那些需要帮助的人，即便我们有时为此上当受骗又有什么呢？汪老师不是经常对我们说，哪怕上当受骗，只要有一次能够帮到需要的人也好呀。所以我觉得这个新闻真的有点过分。

师：看来你真是一个善良的孩子。

生：我想说一下网上的那些八卦新闻。我们经常会在网上看到这个明星和某个人好了，一会儿那个人又和某个人闹翻了，结果过了一段时间他们又出来辟谣。其实这是他们故意要炒作，害怕别人忘了他们。

师：看来你们的眼睛都是雪亮的，不是那么轻易就上当受骗的孩子。这节课我们从汪老师在QQ群上随意转发信息到我们对电视新闻广告，然后到八卦新闻，聊了这么多，你们觉得这节课最大的收获是什么？以后你面对铺天盖地的各类信息的时候，会怎么办？

生：我对八卦新闻一般会采取娱乐的态度，反正看着玩玩就是了。有的新闻，我会上网查查看。如果还有人站出来反驳的话，我就会多查查相关的信息，但是食物我肯定暂时不敢吃了。同时我会一直等待。

师：等待什么呀？

生：等待事情下一步的发展。

生：对于广告，我认为持有半信半疑的态度就可以了。对于八卦新闻吧，只要看着玩就行了，反正它又不会伤害到大家。关于那些曝光的新闻，特别是在中国，已经曝光了，说明问题很严重，说不定一曝光就安全了呢。再说食品，能吃就吃，不想吃就算了，没什么大不了。

生：对于谣言和新闻我们都要有自己的主见，不要随便相信它们，我们要学着用自己的头脑好好想一想才行。

师：那么你们怎么看待汪老师的行为呢？

生：我觉得以后在公共场合不能随便发布信息，因为这些信息我们没有去核实真假。如果随便发布信息，自己就成了散布谣言的一分子了。

生：我觉得面对大家传过来的信息，最好是看一看就是了，因为我们是学生，没有时间也没有精力去考察事情是真的还是假的。

师：今天听大家聊了这么多，我真为自己的无知和随意发布信息的冒失汗颜。的确，如果我们面对信息时，不论对错一律转发，就可能对别人造成极大的伤害，也可能让自己上当受骗。所以，我既为自己的行为羞愧，同时也希望大家以此为戒，在以后的日子里学会甄别信息真伪。

## 后 记

我们生活在数字时代，社会上每天会产生不计其数的"新闻"。这些真真假假的"新闻"让我们普通受众迷失，目不暇接。我们常常会盲目相信"新闻"，有时心知不可全信却也无力自拔，也不知道信息的背后是不是还掩藏着别的要素。米兰·昆德拉说：可怜的记忆，

它只能留住过去可怜的一小部分……自己的记忆尚且如此，面对铺天盖地的、经由不同立场和角度的作者敲击出来的这些"新闻"，我们或许更需谨小慎微。也许宁可多一些问号，也比纯粹地一头扎进去更安全、更理智。这难道不是面对"新闻"该有的正确态度？

# 假戏真做

高高在上、目不斜视、俾睨众生，这是皇帝留在普通百姓心目中的高大形象：他就如童话中的王子与公主，只有欢乐，没有烦恼；只有随心所欲，没有桎梏和约束。揭开华丽的面纱，那些遮掩着的虚假与真实、热爱与嫌恶、忠诚与狡黠，如此矛盾却又如此协调地比邻而居。食人间烟火，体杂陈五味。皇帝也不能幸免。套用列夫·托尔斯泰的话：幸福是相似的，不幸则各有各的形式。这就是我们的社会，实实在在的生活。

## 【文本】

## 皇帝的新装[1]

许多年前，有一个皇帝，为了穿得漂亮，不惜把所有的钱都花掉。他既不关心他的军队，也不喜欢去看戏，也不喜欢乘着马车去游公园——除非是为了去炫耀一下他的新衣服。他每一天每一点钟都要换一套衣服。人们提到他，总是说："皇上在更衣室里。"

有一天，他的京城来了两个骗子，自称是织工，说能织出人间最美丽的布。这种布不仅色彩和图案都分外美观，而且缝出来的衣服还有一种奇怪的特性：任何不称职的或者愚蠢得不可救药的人，都看不见这衣服。

---

1 选自人教版七年级上册第26课。原文作者为丹麦作家安徒生，选入教材时有改动。

"那真是理想的衣服！"皇帝心里想，"我穿了这样的衣服，就可以看出在我的王国里哪些人不称职；我就可以辨别出哪些是聪明人，哪些是傻子。是的，我要叫他们马上为我织出这样的布来。"于是他付了许多钱给这两个骗子，好让他们马上开始工作。

他们摆出两架织布机，装作是在工作的样子，可是他们的织布机上连一点东西的影子也没有。他们急迫地请求发给他们一些最细的生丝和最好的金子。他们把这些东西都装进自己的腰包，只在那两架空织布机上忙忙碌碌，直到深夜。

"我倒很想知道衣料究竟织得怎样了。"皇帝想。不过，想起凡是愚蠢或不称职的人就看不见这布，心里的确感到不大自然。他相信自己是无须害怕的，但仍然觉得先派一个人去看看工作的进展情形比较妥当。全城的人都听说这织品有一种多么神奇的力量，所以大家也都渴望借这个机会测验一下：他们的邻人究竟有多么笨，或者有多么傻。

"我要派我诚实的老大臣到织工那儿去。"皇帝想，"他最能看出这布料是什么样子，因为他很有理智，就称职这点说，谁也不及他。"

这位善良的老大臣来到那两个骗子的屋子里，看见他们正在空织布机上忙碌地工作。

"愿上帝可怜我吧！"老大臣想，他把眼睛睁得特别大，"我什么东西也没有看见！"但是他没敢把这句话说出口来。

那两个骗子请他走近一点，同时指着那两架空织布机问他花纹是不是很美丽，色彩是不是很漂亮。可怜的老大臣眼睛越睁越大，仍然看不见什么东西，因为的确没有东西。

"我的老天爷！"他想，"难道我是愚蠢的吗？我从来没有怀疑过自己。这一点决不能让任何人知道。难道我是不称职的吗？不成！我决不能让人知道我看不见布料。"

"哎，您一点意见也没有吗？"一个正在织布的骗子说。

"哎呀，美极了！真是美极了！"老大臣一边说，一边从他的眼镜里仔细地看，"多么美的花纹！多么美的色彩！是的，我将要呈报皇上，我对这布料非常满意。"

"嗯，我们听了非常高兴。"两个骗子齐声说。于是他们就把色

彩和稀有的花纹描述了一番，还加上些名词。老大臣注意地听着，以便回到皇帝那儿可以照样背出来。事实上他也这样做了。

这两个骗子又要了更多的钱、更多的生丝和金子，说是为了织布的需要。他们把这些东西全装进了腰包。

过了不久，皇帝又派了另外一位诚实的官员去看工作进行的情况。这位官员的运气并不比头一位大臣好：他看了又看，但是那两架空织布机上什么也没有，他什么东西也看不出来。

"你看这段布美不美？"两个骗子问。他们指着，描述着一些美丽的花纹——事实上它们并不存在。

"我并不愚蠢呀！"这位官员想，"这大概是我不配有现在这样好的官职吧。这也真够滑稽，但是我决不能让人看出来。"他就把他完全没看见的布称赞了一番，同时保证说，他对这些美丽的色彩和巧妙的花纹感到很满意。"是的，那真是太美了！"他对皇帝说。

城里所有的人都在谈论着这美丽的布料。

皇帝很想亲自去看一次。他选了一群特别圈定的随员——其中包括已经去看过的那两位诚实的大臣。他就到那两个狡猾的骗子那里。这两个家伙正在以全副精力织布，但是一根丝的影子也看不见。

"您看这布华丽不华丽？"那两位诚实的官员说，"陛下请看：多么美的花纹！多么美的色彩！"他们指着那架空织布机，他们相信别人一定看得见布料。

"这是怎么一回事呢？"皇帝心里想，"我什么也没有看见！这可骇人听闻了。难道我是一个愚蠢的人吗？难道我不够资格当皇帝吗？这可是最可怕的事情。""哎呀，真是美极了！"皇帝说，"我十分满意！"

于是他点头表示满意。他仔细地看着织布机，他不愿说出什么也没看到。跟着他来的全体随员也仔细地看了又看，可是他们也没比别人看到更多的东西。他们像皇帝一样，也说："哎呀，真是美极了！"他们向皇帝建议，用这新的、美丽的布料做成衣服，穿着这衣服去参加快要举行的游行大典。"这布是华丽的！精致的！无双的！"每人都随声附和着。每人都有说不出的快乐。皇帝赐给骗子"御聘织师"的头衔，封他们为爵士，并授予一枚可以挂在扣眼上的勋章。

　　第二天早上，游行大典就要举行了。头一天夜晚，两个骗子整夜点起十六支以上的蜡烛。人们可以看到他们是在赶夜工，要把皇帝的新衣完成。他们装作从织布机上取下布料，用两把大剪刀在空中裁了一阵子，同时用没有穿线的针缝了一通。最后，他们齐声说："请看！新衣服缝好了！"

　　皇帝亲自带着一群最高贵的骑士们来了。两个骗子各举起一只手，好像拿着一件什么东西似的。他们说："请看吧，这是裤子，这是袍子，这是外衣。""这些衣服轻柔得像蜘蛛网一样，穿的人会觉得好像身上没有什么东西似的，这也正是这些衣服的优点。"

　　"一点也不错。"所有的骑士都说。可是他们什么也看不见，因为什么东西也没有。

　　"现在请皇上脱下衣服，"两个骗子说，"好让我们在这个大镜子面前为您换上新衣。"

　　皇帝把他所有的衣服都脱下来了。两个骗子装作一件一件地把他们刚才缝好的新衣服交给他。他们在他的腰周围弄了一阵子，好像是为他系上一件什么东西似的——这就是后裙。皇上在镜子面前转了转身子，扭了扭腰。

　　"上帝，这衣服多么合身啊！裁得多么好看啊！"大家都说，"多么美的花纹！多么美的色彩！这真是贵重的衣服。"

　　"大家都在外面等待，准备好了华盖，以便举在陛下头顶上去参加游行大典。"典礼官说。

　　"对，我已经穿好了。"皇帝说，"这衣服合我的身吗？"于是他又在镜子面前把身子转动了一下，因为他要使大家觉得他在认真地观看他的美丽的新装。

　　那些托后裙的内臣都把手在地上东摸西摸，好像他们正在拾起衣裙似的。他们开步走，手中托着空气——他们不敢让人瞧出他们实在什么东西也没看见。

　　这样，皇帝就在那个富丽的华盖下游行起来了。站在街上和窗子里的人都说："乖乖！皇上的新装真是漂亮！他上衣下面的后裙是多么美丽！这件衣服真合他的身材！"谁也不愿意让人知道自己什么也看不见，因为这样就会显出自己不称职，或是太愚蠢。皇帝所有的衣服从来没有获得过这样的称赞。

"可是他什么衣服也没穿呀！"一个小孩子最后叫了出来。

"他实在没穿什么衣服呀！"最后所有的百姓都说。皇帝有点儿发抖，因为他觉得百姓们所讲的话似乎是真的。不过他心里却这样想："我必须把这游行大典举行完毕。"因此他摆出一副更骄傲的神气。他的内臣们跟在他后面走，手中托着一条并不存在的后裙。

## 【课评】

# 基于新装特质
### ——在窦桂梅老师《皇帝的新装》课上评论

今天，我有幸在教育宾馆大礼堂聆听了窦桂梅老师新上的《皇帝的新装》，并特为此课做评课。纵观课堂流程，我觉得可以用"三个指向、两个基于"来进行概括。三个指向——指向文本，指向生活，指向经典教材；两个基于——基于孩子现状，基于事情的本来面目。它们是窦老师将课堂教学落实到语言文字训练的基础和支撑，是面向全体孩子的意向和规划。

## 一、课堂以"三个指向"为基础

语文教学是孩子教育生活的一部分，孩子的教育生活则不只有语文教学。作为活生生的孩子，他们生活在丰富多彩的世界中，语文理应和孩子当下精彩的生活连接起来。这是不容置疑的。作为小学语文的一面旗帜，窦桂梅老师非常鲜明地给我们树立起了一个具有划时代意义的观点——语文教学必须与文本相连，与生活对接。

1. 指向教学与文本的链接

文本是教学的基础，是我们阅读思考的对象，是对现象、问题、思维进行拓展、对比、延伸、追问、求索的母体。没有母体，教学就是空中楼阁，不知道对象和去向。学生只有熟悉了文本内容，理解了文本含义，阅读理解、情境对话、深度追问、理性思辨才能有据可依、有证可查，才能让思维与对话流畅通达。否则，教学就是水中月、镜中花，课堂就成了无水之源、无本之木。

在教学过程中，窦老师非常重视孩子们对文本内容的解读。开课不久，窦老师就对孩子们说，请大家回到课文中去，仔细读一读，找到文中描述新装模样的相关句子。当孩子们思考"这件新装的特性对谁具有杀伤力"这个问题时，窦老师又提醒孩子们，一定要紧扣文本，在文本中我们能找到需要的答案。于是，孩子们通过反复朗读句子发现，这"世界上最美丽的布，色彩和图案都分外美观"，很明显对皇帝杀伤力最大，因为课文开篇就这样写道：许多年前，有一个皇帝，为了穿得漂亮，不惜把所有的钱都花掉。皇帝对服装的痴迷非常人所能想象。孩子通过对句子的细读，得出如下的结论：一般而言，女性对服饰比男人更在意，文中的皇帝如此迷恋美服，看来他远远超越了正常喜欢的程度，变得有些病态而不可救药。而骗子说，"愚蠢和不可救药"的人看不到它，由此可以看出，骗子的骗术可谓高明至极，"愚蠢""不可救药"两个词不仅将矛头直接指向皇帝，也一并对准了大臣和其他官员；而"任何"一词则将皇帝、大臣、侍卫以及普通百姓一网打尽。

聚焦皇帝内心挣扎，窦老师再一次请孩子们回到文本本身，看看作家笔下皇帝内心的真实观照："这是怎么一回事呢？我什么也没有看见！这可骇人听闻了。难道我是一个愚蠢的人吗？难道我不够资格当皇帝吗？这可是最可怕的事情。""哎呀，真是美极了！我十分满意！"窦老师请孩子们反复揣摩这两个反问句，从中感受皇帝的惊慌、恐惧、坐立不安和心惊肉跳。正是窦老师一再提示学生紧扣文本，反复品读课文，细细琢磨，才使得那个皇帝荒诞滑稽、虚无软弱的个性立体丰满地跃然纸上。

紧扣文本，孩子一步步走进安徒生的内心世界，一步步接近作家本身的诉求，一点一点还原童话的本质。用够文本，用透文本，能让我们看到文本本身散发出的浓浓意蕴。

2. 指向教学与生活

生活包含教育，教育就是生活。我们在生活中接受教育，不断成长，我们也在教育中感受到生活的乐趣。从某种意义上说，教育教学就是为了丰富我们的生命感受，同时也让我们体验生活的丰富多彩，将生活的魅力发掘出来，呈现出缤纷的本真，让我们的内心有了别样的体验。正如某个作家说过的那样，对于生活，我们需要更加用心，必须时常将周围的一切用框架框起来，让生活的细微之处进入观察风暴眼，放大再放大，生活的亮光才会被我们的火眼金睛寻找到。

窦老师深谙其道，她总是让孩子将自己的理解、与文本的对话，和生活紧密地联系在一起。为了让孩子深入皇帝内心去攫取那份忐忑和惶恐、无奈与故作镇定，窦老师拿出可观的八分钟时间请孩子们上台配乐表演。表演不是作秀，是深层次的体验，是他人为己的角色互换。所以，窦老师事先准备了相应的宫廷画面，匹配悲喜闹剧音乐，帮助孩子最大限度地将人物内心情感与文本呈现的信息有机地糅合在一起，复原文本场景，从而使学生从皇帝的角度本色再现人物角色。看到两个"大臣"亦步亦趋、悄悄地将手扣在"皇帝"耳廓说着什么时，我们有理由相信，此刻皇帝故作镇定，大手一挥，决心要将错误进行到底，不仅是在和他人较劲，也是在和自己作激烈斗争：即便再错也要错下去。皇帝内心的痛与苦被学生明明白白地捕捉到了，也实实在在地表演出来了。在情境再现中，表演者与观看者都真切地领悟到了皇帝的无奈与尴尬、挣扎和痛苦。

在另一个环节，现场观看游行大典的一个孩子大声说："可是，他什么衣服也没穿呀！"文章最后为什么要安排这样的结局？为什么要由孩子来说出这句话？窦老师敏锐地感知到作者安排的巧妙，而且让学生"从生活实际出发，联系自身体验谈谈你的看法"。学生通过层层对话，循着文字一路追踪，发现作者这样安排实在巧妙：孩子像我们头顶的蓝天，清澈明快，没有顾虑，只有他们才具有揭示真理的力量。其实我们成人内心不也都住着一个这样的小孩？只是复杂的社会形态将这个清澈纯净的小孩紧紧地锁在了心灵深处罢了。

3. 指向教学与经典

惠特曼说，有一个孩子每天向前走去，他看见最初的东西，他就变成那东西，那东西就变成了他的一部分。我们最初给孩子的是什么，孩子就会变成我们给予的样子。教学莫不如此。孩子最初接触的书籍是什么样的，孩子的心灵就会变成那书的模样。作为一堂观摩课的执教者，窦老师深知她肩负的使命，除了课堂教学本身带给孩子和观摩者的影响，更有对孩子和老师未来学习生活的引领。

如果大家听过窦老师讲的《丑小鸭》，应该对那堂课还有印象吧？窦老师在上《丑小鸭》一课时说过一段意味深长的话："我们发现，缩写的或者删掉的环境描写、对话描写、细节描写、心理描写等，无外乎两种语言，一种是叙述性语言，一种是人物语言。这是童话叙述的重要方式……它才符合童话的趣味。"不管是对教师的引领还是对孩子的启发，都体现了窦老师对于儿童生命成长的关注和重视，可谓用心良苦。

所以，窦老师在教学《皇帝的新装》时，有意地在教学中穿插了林桦老师和叶君健老师两位大师的译文。窦老师出示"皇帝转过来，在镜子前转着看"（林桦译）和"皇上在镜子面前转了转身子，扭了扭腰"（叶君健译）两个不同的译本。她请孩子们朗读、对比、揣摩两个句子，选出自己喜欢的句子并说出缘由。接下来她总结说，"叶君健爷爷在欧洲住了很多年，他对安徒生爷爷的表达方式更亲近更熟悉，翻译也就更生动更贴近原文"。言外之意，对于我们读者来说，不管是孩子还是老师，都应尽可能寻找最忠实于原著、忠实于作者内心愿望的文本。给予孩子最好的文本，就是给予他们最好的熏陶，就是在孩子心田播下最好的种子。换个角度思考，这难道不是对当下老师和编者在教学选文上提出了更高要求？

现在有老师提出一种观点：对比中外文学之后发现，最值得教给孩子的都是外国文学。也许这种说法有些绝对，不过由此推断，外国文学在今天教学以及阅读中的地位的确是不可小觑的。外国文学纷至沓来，给我们的阅读和教学带来清新空气的同时，老师和孩子也面临着甄别筛选的难题。如何让孩子们能够阅读到最干净、最纯粹、最澄澈、最打动人心又沁人心脾的文字，窦老师无疑给我们指明了方向。

## 二、基于现状，尊重事实

想到寓言故事，人们自然而然会想到一句话：说事喻理，含义深刻。于是小学老师在教学寓言故事时总是走在两个极端：要么将寓意和盘托出，孩子死记硬背；要么生拉活扯硬扣帽子，对孩子的生活经验和实际感悟不管不顾。想来窦老师一定十分了解老师与孩子的需求，懂得在教学中充分尊重事实和孩子的现状。

### 1. 基于学生的现状

《皇帝的新装》这堂课是上给六年级的孩子的。六年级应该是小学与初中对接的阶段，是小学与初中衔接的桥梁。他们应当具有相当程度的思维能力和推理能力。纵观我们当下的小学语文教学，我们很痛苦地发现，小学低段的内容过多，对学生的要求过高，高段对学生的要求却明显偏低。这样就出现了一个不容忽视的现象，低段孩子内容多，任务重，节奏过快，孩子负担过大，高段却明显"吃不饱"，导致孩子低段疲惫，高段缺乏学习乐趣。这也成为当今小学语文教学的困惑与尴尬。

窦老师分明看到了当下语文教学中存在的迷茫和困惑，所以在她的课堂中都大胆进行了深度阅读。她说，所谓的深度其实与学生的实际情况是相贴合的，贴上"深度"一词也是为了给广大老师一个警醒，不要让孩子们在课堂上浪费他们的生命和智慧，要相信他们思维的深度与广度都与其年龄同步发展。

其用心之良苦溢于言表。

是的，在《皇帝的新装》一课中，孩子们的思维训练也得到了强化。第一个回合，窦老师让孩子们思考：骗子所织的新衣所具有的特性指向了哪些人？在我们阅读这个文本时，又有多少人下意识地思考过这个问题呢？又有多少人有目的地将新衣的这一特性与课文中的各色人等有机地联系在一起呢？其实，所谓让孩子深度阅读，就是让孩子们知道，文字也好，段落也罢，它们总是和文章想要表达的内核相互联系，紧密贴合，只不过需要我们用心发掘和品味，然后活化它。

2. 基于事情的本来面目

皇帝的新装是什么样子的？没有任何人看见过一丝一线，这样的服装是否真实存在呢？为了帮孩子们确认服装原本的品质，窦老师在课堂上联系生活实际，联系当下的技术发展和尖端科技，用具体翔实的事例，明确无误地告知孩子，就是在今天，皇帝的新装在世面上也是不存在的。正因如此，皇帝身穿新装的丑陋模样才显得荒诞滑稽、可怜可恨。也尤能感受到当时的人们被莫名的社会风气所裹挟，无法自持和保洁，也更体会到小孩子天真纯粹的弥足珍贵。

也许有人会问，窦老师"基于事情本来面目"的思考设计是否妥当，它的必要性到底在何处？如果孩子说，这样的服装从科幻的角度也许有，那这个文章的立足点是不是就得打个大大的问号？如果孩子们再根据自己的想象加上飞翔的翅膀，来段有理有据的阐释，我们又怎么去讲述这篇文章？从某种角度讲，语文不仅是对言语的感悟、文学的品味，更需要思维的无缝连接、逻辑的严密推断。听窦老师引领孩子们丝丝入扣地推敲、寻踪，我想，如果我们与孩子们在课堂上对话交流、推敲思考都能如窦老师一般有意识地谨言慎行，难道我们的孩子在阅读写作和行为做事上还不能做到有板有眼、游刃有余吗？

听完窦老师的课很久，我还在细细咀嚼。有人担忧，这样的课堂对于小学六年级的孩子来说，是不是要求过高？我认为，这正是《皇帝的新装》想告诉我们的：让孩子们跳一跳再摘到苹果，天长日久，难道他们不会跳得更高，看得更远？

# 基于学习需要

　　长久地走一条路，久而久之，那条路就印在了我们的脑子里，哪怕是小小的坑洼，我们也能卓然于心。教学之路莫不如此。我们有发现，有感慨，有惊喜，更有沉思。于是自我寻找，调整思路，改变方式，修正理念，形成风格……最终与一路前行的孩子们会合在一起。

## 精心设计预习，提高学习效率

　　叶圣陶先生认为：精讲一篇课文，可以分为预习、报告和讨论、练习三个环节，并且提出"预习是训练阅读最重要的阶段"。从我们当前课文的编排来看，预习总是出现在课题之下醒目的位置。既然预习对语文教学起着举足轻重的作用，那么学生通过预习一定能达到在教学的其他环节不能达成的功用，其目的是什么呢？课前预习是学生在学习新的内容之前直接与文本进行的对话，是提高学习效率的一个重要措施。预习不仅帮助学生把握新课的基本内容，了解重难点，增强听课的针对性，还能培养学生独立静心思维，进而掌握阅读方法，养成阅读习惯。难怪叶老先生说：预习指导有方，阅读教学就完成了一大半。

　　根据近年来听课的心得以及备课时老师们在预习上所下的功夫，总结起来预习主要完成了以下几个方面：①重点解决了生字新词，让学生扫清了阅读的障碍；②让学生流利地读书，并对读书的过程做出了具体要求，使学生读课文时较通顺、流畅；③让学生针对一些简单问题寻找其中的答案，并在书上针对性地勾画；④能在预习时进行一些小组或者同桌之间的合作，如理解词语的意思、互相听写生字、抽读课文等。从这里我们可以看出，虽然预习让我们扫清了学习课文时读文识字上的障碍，但我们的预习工作还停留在表面，有些还只是一些形式。

　　主要存在的问题有：①教师在备课时对预习的要求不太明确，导致学生预习时主次不分。如大量的时间用在对生字的识记上，而且平均分配，没有做到难简分明，浪费宝贵时间。②教师要求学生朗读课文，可是对读书过程监控不力，使学生为读书而读书，一旦学生完成教师规定的数量就万事大吉。对不通顺的地方敷衍了事，对不认识的生字听之任之。③预习时老师提出的问题，很多学生自己不加以认真思考，而是等待别人的发言，似乎做一个"收音机"即可。④预习时的合作学习看似热闹，可是有一些问题其实根本不需要讨论即可得出结论，为合作而讨论，缺乏必要性。

由于教师对预习环节的随意性处置，长此以往，学生也认为预习可有可无，继而欠缺自学能力、独立思考能力。久而久之，他们也逐渐形成了"懒得动脑，无需动脑"这样一些消极的思想。古人说"学而不思则罔，思而不学则殆"，今天看来，学生不动脑筋，不愿动脑筋，害怕动脑筋，也和我们长期以来以"教材为中心，老师为中心，课堂为中心"的教学理念有着密切的联系。

既然预习能引导孩子独立思考问题，敢于质疑发现问题，探究合作解决问题，同时有效提高听课效率，在教学中有这么多的好处，那么怎样提高学生预习的质量，达到预习的目的呢？笔者认为应该从以下几个方面入手。

## 一、备课时要重视预习课

我们在备课的过程中，不仅要注重课文讲解环节的备课，更要对预习环节进行备课。课文中什么地方孩子不太容易读通顺，学习生字大概需要多少时间，哪些生字需要重点关注，课文中有哪些问题需要孩子去独立思考，哪些问题必须进行合作探讨，都需要老师在备课时一一罗列出来，以备预习时使用。

## 二、对学生的预习要求要具体，不能大、空、泛

在上预习课时，要做到目标明确，针对性强，切忌要求的范围宽泛而无法落到实处，或者只提出几个大的问题。太大、太空的问题，会让学生束手无策；或者由于问题太空泛，学生解决问题的兴趣得不到激发，从而变得消极起来。

如学生在预习生字时可能会出现问题，教师该怎么处理；哪些词学生在预习时通过读课文就能解决，哪些词需要查字典才能理解，老师要做到心中有数。记得我曾经看过一个老师给学生上《草原》的预习课，老师先让孩子们读书，然后对孩子们说，你们自己读读课文，看看有什么不懂的，把它标示出来，然后想办法解决。结果绝大多数孩子都在查字典理解词语，依次将结果写在书上，无论是否有必要。最后老师请孩子针对自己不懂的问题进行交流，才发现孩子们的思考一直停留在词语的理解上。一节课下来，词语的理解任务都还没有完成。回顾那节课，老师自己也觉得不可思议，不大理解班上的孩子为

什么不认真阅读课文，寻找课文中真正有价值的东西。其实细细一想，答案不言而喻。

### 三、预习时要注重对不同程度的学生提出不同的要求，切忌一刀切

一个班的孩子个体会呈现出差异性，有的孩子记忆力强，但理解能力不足；有的孩子善于思考，可懒于动手；有的孩子基础较差，对于一些需要想一想才能得到答案的问题感觉很头疼……我们不能强求每个孩子都能做到一样好。因此，在预习时，所提的要求要有一定的弹性。哪些孩子能解决什么样的问题，哪些孩子会去思考有一定深度的问题，教师要做到心中有数。教师要走到孩子跟前去，检查孩子的批注情况，倾听孩子们讨论的问题，及时引导，同时进行个别指导。我在班上开展预习课时，总是不断巡视，及时发现问题，对其中出现的个别现象进行梳理沟通。对于我认为学习有困难的孩子和成绩很好的孩子，我会提出不同的要求，并在巡视时相机指点。我将学生分成不同的学习小组，不同的组解决难易程度不同的问题。这样有效避免了暂时后进生总是躲躲闪闪、能捱就捱的局面。所以班上的孩子总能根据自己的需要找到学习讨论的对象。这样一来，在预习时将他们的最大潜能都发挥了出来，也避免了"好的不够吃，差的无法吃"的局面。

### 四、不同课文预习时的侧重点不一样，不能千篇一律

语文教材的编排体现了编者的思路，体现了让学生学习呈现螺旋式上升的理论。因此，每个单元的侧重点是不一样的，单元与单元之间既有联系，又有差别。

比如人教版的小学语文第十一册三、四单元与五、六单元之间的要求就不一样。三、四单元的重点是训练孩子在具体的语境中体会文章的思想感情，而五、六单元则是让孩子在进行阅读时领悟作者的表达方式。这是它们的不同之处，所以在进行预习时老师提出的要求也应该有所区分，虽然它们的共同点都是抓住细节描写来体会人物形象。即便是重点相同的三、四单元，它们也存在具体要求上的差异。三单元重点让学生学会自己查找需要的资料，同时敢于发现、质疑、合作解决问题。而四单元的重点却是在体会文章思想感情的前提下，让学生在与文本对话的过程中，在字里行间用心感受人物的内心活动，感受作者表达的情感。很明显，这两个单元的要求是不一样的，那么我们在布置

预习作业时要求也肯定有所区别。

同时，由于课文内容不一样，预习的要求也应有所不同。就拿《长征》和《一夜的工作》来说吧。《长征》是一首有一定理解难度的七律诗，特别是"逶迤""磅礴""走泥丸"等词语，学生以前并未接触过，所以在预习时理解词语应是学生要完成的任务之一，在理解了词语的基础上思考作者所要表达的思想感情。而《一夜的工作》中所有的词语孩子都基本明白意思，而我们预习的重点很明显应该偏重于对句子和段落所表达的意思进行深入的思考和揣摩。

所以，我们每位老师在上预习课时要把握本课的重点所在，不要随意处理，率性而为，否则会让我们的孩子失去新鲜感，且易陷入迷茫之中。一句话，预习是上课的基础，是学生养成独立学习习惯的基石。上好每一节预习课，会使我们上课得心应手，效果明显，事半功倍。

# 循着问题找精彩

今天的语文教学，在一条没有歧义的路上勇往直前：要么技术派的语用主义振臂高呼，要么考试派的实用主义声势显赫。他们的目的都非常明确：或者让我们的孩子能抵御考试的风吹雨打，或者能够随时让语文冲锋陷阵，派上用场。语文的工具性、实用性被发挥到极致，我们不得不对此表示警觉：语文学习的终极目标是什么，是为了应付考试还是获得乐趣、受到熏陶？语文学习还要不要有兴趣的支撑？学习的主角，那些可爱的孩子们，他们的需要是什么？我们是否应该伏下身子问问我们的孩子们：你们想怎么样学语文？你们希望语文教会你们什么？你们觉得什么样的语文课堂才是你们最喜欢的？

那一天，我心血来潮，请一群小学一年级的孩子给预习过的《长歌行》提一提问题。我想知道每天和我面对面坐着的孩子们，他们的脑袋瓜里都在想些什么。当时，我并不看好他们，我觉得一年级的孩子根本提不出什么有意思的问题来，更别说有价值。没想到这一放开话语权，孩子们的问题如春日桃花，艳丽绽放：

"为什么这首诗叫《长歌行》？它很短呀！那还有没有《短歌行》呢？"

"'百川东到海'，为什么是东到海，不能西到海吗？已经到大海里去了，怎么还要'西归'呢？回得来吗？"

"老大为什么要伤悲呢，难道是他的徒弟惹他生气了？"

"少壮不努力，长大了也可以努力呀，何必老了要伤悲呢？"

"题目后面写了'节录'两个字，这是诗人的名字吗？"

听到孩子们的提问，那一刻我很汗颜。一直以来，我都认为孩子不会思考，也不太需要思考。他们就是一个个大大小小的接收器，只要我每天往里面装东西就可以了。没想到这些小小的人儿居然有这么多这么有意思的想法。如果让我来提问，可能还不一定能提出这么有意思的问题来。那节课，剩下的时间里我们没干别的，就来解决孩子们的这些问题。从中国地形图说到地球上水的环流过程，从《长歌行》背到《短歌行》……那节课，我们干了很多看上去与课本要求无关的事情，又干了许多与孩子们当下认知有关的事情。一节课结束，孩子们都很开心，他们说这节课好短，怎么一下子就过去了。而且他们都表示，回家要背一背《短歌行》，不然别人问起就麻烦了。

后来细细回味这节课，我发现它与我往常的课堂有这些区别：首先，这节课不是老师一人在唱独角戏。孩子们对课文有思考有提问，有交流有质疑，共同解决了一些问题。还有一些问题需要老师给他们些微提示，也有一些地方要老师及时讲授，孩子们再根据提示和讲解进一步回归文本，对照个体感悟，从而获得独特的课堂感应。他们第一次感受到自己提出的问题得到了别人的认可和响应，而且这些曾经不被视为是正经学习的想法、看似莫名的问题与各类知识紧密相连，使他们惊讶地发现原本枯燥的语文学习居然有如此多的其他类别的知识来支撑，学好语文非得有大量的知识储备不可。

最重要的是我从孩子们着急、期待的眼神中看到了这样一种可能：他们逐字逐句阅读推敲，给每个字、每个词、每个句子都打上小小的问号，按照自己的理解解答疑问，对于自己努力去尝试的思考做出接纳或者拒绝，也急切地渴望老师能对他们的努力做出回应，希望老师悦纳他们的劳动成果，并与老师平等民主地适时互动。

对于老师的教学来说，这不啻为一种非常美好的技术支持：孩子的问题就是打开文本的上佳切口。以切口为基点慢慢往前摸索，可逐渐扩展基点的范围，并以此为线索走进课堂。线索则会将沿途的各类知识点（比如写作形式、人物形象、观点呈现、视野拓展等）有效地串联起来。须知这些知识点也罢，学生的内心需求也好，都会因为我们的追溯根源而让人不会感到累赘和冗积。

记得那一次上《秉笔直书》，孩子们提出了以下几个问题：

"为什么崔杼要杀国君光？"

"为什么崔杼可以立新的国君，难道他比国君的权力还大？"

"太史们为什么宁愿死也不改史书？已经杀了三个史官的崔杼，为什么不杀死太史季呢？太史季说的话为什么就说服崔杼了呢？"

"为什么南史氏去接太史季的时候，太史季要把自己写好的竹简给南史氏看呢？"

"为什么这些史官不可以先假装答应崔杼的要求，保住自己的性命，然后悄悄把真实情况记录下来？留得青山在，不愁没柴烧呀。"

知道了孩子的需求，老师在接下来的教学过程中就能"接地气"，根据需求做文章。于是，我们从汇报预习成果开始。首先是读课文，听写生字，解决新课教学的基本要求。接着交流网上查阅的相关资料（四年级的孩子开始学习上网查阅资料）。这一过程下来，大家都基本知晓了史官的工作性质，知道史官的工作就是真实记录发生的大事。通过交流，孩子们对"秉笔直书"这一事件发生的历史背景有了一定的了解。

接下来孩子们回归课文，逐句进行推敲，不久他们就得出了结论：既然忠实记录是他们的本职工作，那么按照事实记录事件是史官的习惯。突然被崔杼要求篡改记录，这既是对史官尊严的挑战，也是史官们始料未及的事情。史官们肯定是十分害怕的，但是当前所未有的事情突兀地出现在他们面前时，固有的正派而独立的作风让他们不需要思考就对崔杼的无理要求做出了回应："按照事实写历史，是太史的本分，哪能捏造事实，颠倒是非呢？"狂妄的崔杼哪能受得了史官这样的威胁，杀人就在情理之中了。

第一个史官如果说还来不及对崔杼的要求作出违心的反应，第二个、第三个史官完全有时间冷静考虑要不要接受崔杼的提议。为什么后来他们仍旧选择坚守自己的职业规则呢？他们都是文化人，都知道"留得青山在，不愁没柴烧"。孩子们聊到这里，思维走进了死胡同。我提醒孩子们回到课文中，再次细细梳理，从文字的蛛丝马迹中捕获隐藏的信息，寻找背后的含义。孩子们再次出发，一句一句地反复读。一个孩子指出"崔杼串通几个人立庄公兄弟为国君，自己独揽大权"这句话说明了崔杼的权力非常大，他既然可以立新君，说明国君都得听他的。那么这些史官即便听了崔杼的话，乖乖地按照崔杼的要求记录国君光死亡的事，接下来崔杼也可以随便找个借口杀死他们。因为他们知道事情的真相，捏住了崔杼的七寸。史官们与其这样不明不白被杀，还不如坚守自己的立场，光明磊落地赴死。

他们还发现了看似与课文没有关联的信息：前面三个太史与崔杼的对话内容一样，结果都被崔杼杀掉了。轮到太史季时，太史季同样不怕死，可他向崔杼道出了事情后果：不论崔杼杀死多少个史官，这件事（指崔杼杀死国君光）都会有人记录下来。在太史季仿佛自说自话的独白中，崔杼看到自己面临的最大风险——他与所有人为敌，这无疑将把自己逼上绝路。残暴狡诈的崔杼当然不希望自绝于所有人。太史季一语戳破了他的心事，心慌的崔杼不得不放走了太史季。

孩子们由此发现，许多看似奇怪的问题其实都能通过对文本内容的深度发掘得到合理的解释。过去大家认为孩子提出的问题天马行空，与教学、与文本毫无关联，其实不然，凡是孩子根据课文提出的问题，只要我们细细品读，都能在字里行间觅得答案。

正如我上《大自然的秘密》一课时，孩子们提出了一个重要的问题：大自然的秘密到底是什么？为了寻找大自然无言的秘密，我和孩子们沿着这样的路径一路攀爬追踪：

我们这一群人和向导一起做了什么事？（大家帮助幼龟回到大海）我们把乌龟放回大海导致什么现象的出现？（大量的幼龟被食肉鸟抓走）为什么乌龟会被食肉鸟一一捉去？（人们错误地将侦察龟带向大海，洞里的幼龟接收到"外界安全"的错误信号）当时被捉的场景如何？（食肉鸟吃得饱饱的，唱着欢歌）文本并没有大量的乌龟被捉走的直接描写，作者又是如何体现乌龟之惨的？（用侧面描写的方式来衬托幼龟的损失惨重）侧面描写的好处何在？（幼龟个头小，食肉鸟一啄就是一个。正面描写场景不壮观，而且过于残忍的正面描写让人心生恐怖。侧面描写更能使幼龟的损失一目了然）

一直往前走，一个问题自然而然冒了出来：如果没有人类干涉幼龟的行为，那又会是一番怎样的景象？于是我们回到自然本身，一起观赏相关视频：没有人类干涉的幼龟，在走向大海的旅程中是什么样的？观看视频，大家惊异地发现：没有人类干涉，幼龟仍旧会被大量的食肉鸟啄食，最终能走向大海的不足30%，能成长为成年龟的不足1%。问题来了：人类帮助了幼龟，幼龟被大量消灭；人类不干涉，幼龟仍旧损失惨重。那么，人类到底要不要干涉幼龟？

这个问题成了孩子们关注的焦点。他们似乎想说服自己并证明，人类的想法很美好，所造成的破坏并不如设想的那么可怕。转念一想，又不对，身边的各种行为产生的负面影响，那些被有意无意伤害的动物植物，类似消息每天不绝于耳。就算有时人类的很多想法既完满又美好，结局却是那样的狰狞可怖。自然并不完全按照我们的意愿行事。

之后，我欣喜地看到孩子们的思维触角逐渐从书本向远处延伸——我们生活中的所见所闻、新闻传递的信息、各种书籍中的故事……孩子们就这样慢慢寻找到了自然隐秘而正确的答案：面对自然，人类唯一能做的就是"静观其变，顺其自然"，无他。

孩子的思维在扩展，跟上孩子成长的节律自然成为老师课堂的基本要求。为此，我逐渐把孩子提问设置为我上课的首要环节，演化成我课堂教学的要点。演绎要点，就是训练孩子们到字里行间提取信息的过程，就是对文中信息再次加工论证的过程，更是将思维与表达无痕结合恰当展示的过程，也是训练孩子逻辑思维的过程。有了这样的演绎，课堂不仅受到孩子们的热烈欢迎，过程也随之精彩纷呈，令人耳目一新。

循着问题的脚印，自然相遇精彩。

# 写作在身边
## ——聊作文的那些事

亲爱的各位老师：

今天我坐在这里，接受了一个在我看来非常高难度的任务，就是给大家聊一聊如何教学生写作文。说实话，对此我是诚惶诚恐的，因为我本人的写作水平就不高，常常枯坐半天也写不出几句话来。所以，让我坐在这里给大家聊写作指导，有点像让一个蓬头垢面的家伙来给大家介绍如何使自己优雅端庄一般困难。

我不敢班门弄斧，只怕抛出去一块重重的砖头，却没有引出玉石来，反而砸了我自己的脚，那会让我以后走路都成问题，但是任务又必须完成。为此我只能硬着头皮看能不能从一些细小的地方和大家聊一聊，权且是我对自己作文教学的一个反思和复盘吧。

## 一、写作就是说话，就是生活

写作是什么？如果问学生，孩子们一定会说就是写作文，写那种绞尽脑汁都想不出该写些什么的高深文章，状物叙事、写景抒情、说明议论等，反正就是那种令人头疼的任务。写作的目的呢，当然是完成老师布置的任务。而且他们会痛苦万分地向你诉苦，老师，谁发明的写作，好讨厌哦。如果某个老师还不知趣地想解释两句，他们要么侧着身子表示抗议，要么干脆逃之夭夭。同样的问题问有经验的老师，他们会说，写作就是对生活的记录。的确，生活是我们写作的源泉。

我们将师生对写作的理解进行对比，会发现两者之间对于写作的理解距离犹如牛郎织女，中间横跨着无法逾越的银河。老师们想方设法消除这个鸿沟，但对于孩子来说，不过是老师一厢情愿罢了。

为什么提到写作绝大多数孩子都表现得极其难受？难道写作真的如他们所言，找不到解决之道？我觉得这样的困境是和我们的老师以及家长的错误引导分不开的。因为一届又一届的老师和家长都会如此叮嘱孩子：现在你连基础都学不好，看你以后怎么写作文？写不好作文，语文就完了。似乎写作就是洪水猛兽，如果你不从小学习驯服它的本领，它就要跑出来为所欲为。所以，孩子们谈文色变，连大气都不敢出。

孩子们不知道，甚至家长们也不明白，其实写作就在我们身边，它与我们一直如影随形。我们每天只管埋头走路，低头做事，已经失去了四处张望的时间和意识。其实如果我们稍微抬头望一望，会发现我们的生活中到处都有写作的痕迹，大到我们看的电影、电视和小说，小到请个假、留个言、吹牛聊天，还有路过的那些店铺名称、公交站名，它们都是写作的形式之一。所以当我们班的家长告诉孩子说，等你到三年级的时候就要写作文，害得学生个个心慌慌的时候，我就对学生们说，谁说我们三年级才写作文，其实我们从一年级开始，甚至从会说话的时候就已经开始了写作训练，只不过我们没把"写作"叫作"写作"，换了个名字变了个形式呈现出来——讲故事、看图说话、课本剧表演、日记……孩子们"呀"的一声张大了嘴巴，一副不敢相信的样子，似乎是我这个老师在欺骗他们。

我们要让孩子们清楚，写作就是说话，以前我们用嘴说话，写作就是用笔说话，讲述我们周围好玩的人、有趣的事，或者某个搞笑的情景，或者某一种喜欢的动物。这，就是写作。写作，不仅可以用言语来表达，也可以用色彩、图像、声音以及文字记录下来。写作，可以作于纸上，可以刻在石板上，可以涂在宣纸上，更可以展示在门廊、咖啡馆、卫生间里……写作，它就在我们身边，是我们生活的重要组成部分。

既然写作无处不在，其实也就谈不上困难和痛苦，它就像我们吃饭和睡觉，自然而简单。没有了写作，我们的生活就无以为继，一团乱麻。想一想，要是我们几个小时几天不说话不聊天，不看电视不读报，自己会不会有种要疯掉的感觉？要是我们走出去的地方没有名称没有标志，我们的生活会不会一团糟？所以用嘴巴说话、用笔写作就是生活。

## 二、日记是写作的雏形

帮助学生建立了写作很容易的心理准备之后，接下来就进入实战演练了，也就是我们常说的写作指导。一般而言，写作指导可以从下面几个步骤着手，当然这几个步骤有时候是可以相互调换的，根据实际需要而定。

### 1. 生活为日记铺平道路

孩子走进学校，开始接受启蒙教育。这时候，我们的语文老师就要让孩子接触日记，做写作的起步练习。不要担心一年级的孩子写不出像样的东西，我们也不需要孩子一开始就能写出多么像模像样的东西。每天一两句话，不会写字，可以用拼音代替，实在不会写的字还可以请家长帮忙。短短的几个字或者十来个字，几分钟就搞定了。孩子说"今天上课我很认真，老师表扬我了"，或者"今天放学我和妈妈一起回家，妈妈买了一个面包奖励我"，等等。这样的写话就是非常优秀的，因为短短的一句话不仅清楚地阐述了事情发生的时间，还交代了事情的前因后果。

老师这时候的评判要把握住一个标准，就是鼓励、鼓励再鼓励。然后努力从简单的句子中找出一两处值得表扬的地方来，用特殊的符号进行标注。让孩子每次都觉得自己把日记交给老师很愉快，总能从老师处得到认可和称赞，总是盼着老师快快地将日记本发下来，好接着再写一句，让老师对自己再次刮目相看。这样，孩子每天都处于期盼与满足之中，他们学习写作的动力就大大增强。强大的成就感是孩子前进的助推器，激励着孩子不断进步。我们一定要给予孩子最想要的东西，认可和肯定对于所有的孩子来说百试不爽。在这样游戏一般的过程中，不知不觉，孩子日记写作练习就慢慢地坚持了下来。

写了一段时间之后，孩子们慢慢地就累了。这个累不是写字的疲倦，而是孩子发现平常能写的东西好似都已经写完了、穷尽了，找不到可写的内容，像没米下锅的主妇，内心焦躁。孩子的倦怠老师看在眼里，急在心里，恨不得帮学生一把。其实此刻我们大可不必着急。因为这个世界每天都在发生着新鲜的事，都是写作的素材，只是我们的孩子熟视无睹罢了。我们需要做的就是让孩子们静下来，给他们每人一个"相机"，学着聚焦身边的事物，帮他们擦亮双眼，重新打量周遭的一切。

下课的时候，老师不妨把孩子们带到小花园里去，那里每一棵树、每一株草、每一枚石子都有着自己的故事。你看，那棵树上有孩子们以前没发现的小蚂蚁跑来跑去，那一株草的旁边居然待着一只傻傻的蜗牛，居然有一棵树在寒冷的冬季开花了……如果你是一位用心的老师，你会听到孩子们在花园里惊讶的尖叫，会看到一个虎头虎脑的男孩趴在地上和一只小昆虫说着只有他才能明白的话，会发现三五个孩子对着一只青虫大喊大叫。这些眼观耳闻到的景致不就是写作的素材？小伙伴们奔走欢呼的欣喜，翘臀踮脚的模样，不也可以放到日记之中？

　　孩子们聆听着自然的心声，老师也不要闲着。这个时候，你可以拍一拍撅着屁股的小胖墩，还有扎着冲天炮的小女孩，以及吵翻天的一群淘气鬼……当然也别忘了拍一拍美丽的自然景色。干什么呢？这几张照片可有用了。你把它放到投影仪上，问问孩子们，他们当时在那儿做什么，说什么，想什么，争论什么。那些翠绿的叶子上、匍匐的小草上、慢爬着的蜗牛都有些什么情况。之后，孩子们回家写日记，难道还没有可写的素材吗？

　　那么，每天经过的那一条上学放学的路上，会不会发生不一样的故事呢？昨天有一只走丢的小狗在那儿呜呜地轻泣；今天下了一场雨，路面被积水覆盖，好多人都挽着裤腿小心地趟过；过一条窄窄的小路，居然有一个中学生很讨厌地骑着自行车挡道；还有一次，两个孩子背着书包在打架；一场雨过后，路边的狗尾巴草长得和孩子们差不多一样高了……只要我们细心观察，难道发现不了到处都是活灵活现的日记材料？

　　我相信，经过一段时间这样的指导，孩子们的观察能力会得到提升，想象力会进一步丰富，水涨船高的还有他们纯真自然、滔滔不绝的表达能力。

　　2. 想象为日记插上翅膀

　　随着日记练习的推进，孩子的年龄一天天增长，他们渐渐地学会了对周围的一切进行观察、琢磨和描绘。我们老师别就此放手，因为孩子们观察到的还只是生活外在的模样。

　　"想象力不是生来就有的先天素质，而是后天开拓的结果，它是完全能够培养的一种能力。"这句话是谁说的我已经不记得了，但是我非常赞成他的观点。这时候，我们要试着引导孩子们想一想，这些看上去很安静的东西在干些什么呢？它们只是静静地站在那里吗？它们会不会也有孤单寂寞、舒服高兴的时候？它们也打电话吗？那些小花小草小虫小蚂蚁会不会有时候觉得家里不好玩，也约上两三个朋友一起来一次小小的探险？这个想法一经抛出，我保证孩子们脑袋瓜里一定会有各种画面冒出来：小鱼在水中讨论研究吹泡泡的技术，小鸟在树上偷学捉虫的本领，几朵小花与小蚂蚁说悄悄话，不然为什么蚂蚁不停地点头呢？

孩子是自然的精灵，他们与自然最为亲近。平常多让孩子进行这样的交流分享，我们就能使孩子的想象力不断得到扩展和延伸。或许，孩子们再看到那只流浪的猫，他们会想，这只猫是在树上等它的好朋友呢，还是准备找几只猫来个爬树比赛，抑或是想在院子里跑上两圈减肥？它是不是昨天晚上为了抓住那只狡猾的老鼠熬夜了呢，不然眼圈为何那样黑？看到那棵挺拔的树，他们会想，这棵树是不是站在那儿眺望远处的朋友，不然它干吗伸直了脖子，不嫌累？

孩子们最不缺乏的就是想象力，因为天马行空的奇思妙想本来就驻扎在他们脑海中，老师只需要去激发它。有了更多奇特的画面，写作的空间不就进一步拓宽了？这时候他们的日记肯定也随着自由驰骋的想象张开翅膀，在蔚蓝的天宇自由扑腾。那些裹挟着奇思妙想的画面也会随着一次又一次的描画向我们迎面扑来，给我们以心灵的冲击。

3. 评价鼓励日记成长

孩子们为了完成长长短短的日记，挖空了心思。对于他们来说，最幸福的莫过于得到老师的赞美和表扬。所以批阅孩子的日记是需要老师花点心思技巧的。既要让自己的批阅恰当地体现老师的观点，起到指导和引领的作用，又要使学生从评价中获得力量。这时候就需要老师的智慧了。

对不同年龄段孩子的作品批阅的关注点不一样。如果是一年级的小朋友，我们重点关注的是学生的书写。孩子的日记一般就是那么一两句话，写不出多少内容来，可是他们书写的工整程度可体现对待日记的态度。

为了和平时的教学要求紧扣在一起，这时批阅的老师要最大限度地赞美孩子的书写：哪一个字写得工整，就在这个字上面画一个圆圈；两个字写得好，就画两个圆圈；一排字都写得极其认真，就可以在旁边画一张圆圆的笑脸，或者写上"这日记写得好认真"之类的话语（当然在之前老师要告诉孩子，老师批阅的一些符号所代表的特定含义）。我们完全能够想到，这些可爱的小家伙拿到密圈密点的本子以后会是什么样的表情。他们一定会一个一个地数自己得到了多少个圆圈，多少张笑脸。他们一定会去琢磨：为什么老师会觉得我这个字写得好呢，是不是那一"竖"特别直？是不是这个字的大小特别合适？下次我一定要写得更认真些。他们肯定还会悄悄地一遍又一遍地欣赏老师表扬赞赏过的作品，满足的喜悦洋溢在脸上，更温暖在心里。

曾记得我的老师在我的作文本上写了这样一句话：文中通过两件非常细小的事情来描述妈妈的不易，可以看出你对母亲的关注，看出你对母亲深深的爱。那是我的写作第一次得到老师这样的评价。当时的我为这评价激动了好几天，最终我悄悄地将作文本上的这段话用剪刀剪了下来，贴在了我的日记本上。尽管那鲜红的笔迹已经褪尽光彩，但是老师的鼓励却从此让我爱上了书籍，爱上了阅读。由此可见，老师的鼓励对于孩子是多么重要。我认为，有条件的老师完全可以及时把学生的作品投影出来，让每个孩子都能好好地欣赏一番。这既是对优秀者的鼓励，更是让其他孩子找到方向，获得力量。

稍过一段时间，孩子们的日记要写得长一些了。老师的评阅也要与时俱进，及时调整和丰富。日记中哪个词用得准确，哪个句子让描述栩栩如生，老师一边看一边就应该及时标记出来，在旁边用一两个词评价这个词用得好的具体原因。评价时用词不妨稍微夸张点。你要知道，无论什么样的赞美，对渴望获得认可的小孩子来说都是多么愉悦的感受，他们也理应享受这样的称赞。你看那一张张充满希望的笑脸、欢快喜悦的神情，多像一朵朵娇艳的花朵吸引着我们，鼓舞着我们。难道我们不应该为此多给予孩子一些赞美？

4. 及时分享激发兴趣

如果我们的表扬只停留在作业本上，停留在一对一的静态对话上，要想进一步提升孩子的写作兴趣，使他们乐于主动花心思琢磨日记的写作就不那么容易了。孩子就是孩子，他们当然希望自己做出的成绩得到老师的认可，更渴望将自己的努力公布于众，得到大众的关注。这时，把孩子们的日记带进课堂，带进别的班级，带进他们的家庭，让所有孩子的日记都有机会得以在同学和父母面前展示，无疑会让孩子的积极性得到进一步激发，写作兴趣得到进一步催化和提升。

在班级中分享日记时，要想效果最大化，老师还得把工作做得更细些。孩子的日记可以让老师念读，也可以请孩子自己朗读。读了之后不要马上接着读下一本，得让孩子们有机会点评，也请作者说说为什么这样写，他是如何得到写作内容的。这既帮助孩子巩固了这些好词佳句的用法，也让他们分享到他人观察和想象的方法，明白所以然。授人以鱼，不如授之以渔。跑马观花似地一读即走，效果实在有限。

如果有条件，可以把孩子们平时写得比较好的日记收集起来，然后每周推出一期班级周刊，或者每月一本月刊，这些都是不错的办法。如果想得更周到些，还可以在刊物的某处来点留白，孩子们可就自己读后的心得发表点看法。

一句话、一个表情都是可以的。这样就让写作流动了起来，孩子们也就有相互交流的平台了。

如果只是让日记在班级内流动，我个人觉得这个空间未免狭小了一些。我们可以将班上写得好的日记推荐给别班老师，请求他们也拿到班上去念一念、评一评；或者将优秀日记贴在教室外面的走廊上，每一次经过此处的老师、同学和家长停下脚步后的细细欣赏，难道不是给予孩子写作最高的评价？当孩子走在路上，遇到一个老师或同学或家长拍着他的肩膀高兴地对他说，"小伙子（小姑娘），我可拜读过你的作品哦。真的很不错！"那种场景带来的快乐岂能用文字表达？这不是对作者最高的奖赏么？

### 三、水到渠成写作文

通过两三年的练习积累，孩子们有了观察的经验，长出了想象的翅膀，也逐渐能够把读到的、听到的词语试着掰碎了、揉烂了，融汇成自己的语言运用到写作中。日记写作已经获得了长足发展。有了记录日记的经历，进入中高年级，写作文就是水到渠成的事情了。有人一定会说，你啰啰嗦嗦说了这么多，唠叨的还不就是关于日记的写作吗？哪个老师没有要求孩子写日记呀？我们需要的是如何教孩子写作文。难道写作文和写日记没有区别？

写作文和写日记有没有区别呢？写日记侧重随心所欲地表达，想写什么就写什么，想怎么写就怎么写。那写作文的要求又是什么？还是让我们回到官方的目标设置中，看看2001年北师大出版的全日制义务教育《语文课程标准》（以下简称"课标"）关于写作的相关阐述：

> 三四年级，留心周围事物，乐于书面表达，增强习作的自信心；能不拘形式地写下见闻、感受和想象，注意表达自己觉得新奇有趣的或印象最深、最受感动的内容；愿意将自己的习作读给人听，与他人分享习作的快乐；能用简短的书信便条进行书面交际；尝试在习作中运用自己平时积累的语言材料，特别是有新鲜感的词句；能根据表达需要，使用冒号、引号；学习修改习作中有明显错误的词句；课内习作每学年16次左右。

课标中作文要求可以用"乐于表达观察所得，乐于分享独特见解"作总结。我们比对之前对孩子们日记写作的指导，会发现一个非常有趣的事实：这个习作要求已经被老师提前到了低段使用，记录日记时老师已经采用了许多相应的措施来促成写作训练。而且老师的有序训练，慢慢给孩子们渗透了正确评价作品的方法和意识。

由此可见，三四年级的作文训练并不需要采用什么特别的方法和手段，继续进行日记训练就可以了。再将教材翻出来看看，你会发现，其实中段的写作内容基本就是观察日记，写植物、动物以及新鲜有趣的事物，这不是我们平常的所见所闻吗？难道我们一定要给孩子设置一道坎，一定要让孩子背着作文的重壳艰难地行走才叫写作文吗？我们大人呀，什么时候可以少一些严肃的形式主义，多提供一些真真实实的体验式课程？

那大家一定会问了，三四年级可以采用日记的方式进行写作练习，那么五六年级呢？是继续让孩子写日记，还是把作文这尊神请出来，给孩子一个作文的真实面目，让孩子对写作文产生庄严的神圣感？甭急，让我们一起回到课标中去，好好地温习温习课标中关于写作的相关要求：

> 懂得写作是为了自我表达和与人交流；养成留心观察周围事物的习惯，有意识地丰富自己的见闻，珍视个人的独特感受，积累习作素材；能写简单的记实作文和想象作文，内容具体，感情真实。能根据习作内容表达的需要，分段表述；学写读书笔记和常见应用文；能根据表达需要，使用常见的标点符号；修改自己的习作，并主动与他人交换修改，做到语句通顺，行款正确，书写规范、整洁；课内习作每学年16次左右。40分钟能完成不少于400字的习作。

很明显，相比三四年级，五六年级的写作要求更落实更具体了。比如40分钟之内完成不少于400字的习作，明白写作不是为了写作而写作，而是出于"自我表达和与人交流"的需要；能够试着与他人交换修改作文，能分段表达，能写简单的记实作文和想象作文等。拂去阐释中的形容词，我们会发现其中的关键点，就是写出能够清楚表达自己真实想法和意愿的文章，实现人们常说的"我手写我心"，同时要求书写快速、干净、规范。看来，五六年级的写作也并不是那么高深和可怕。我们一直坚持的写日记不就是书写自己观察到的外在景观和内在体验吗？如果说中段孩子写作更多在于表现观察到的周围事物，那么进入高段的孩子有更加深刻的内心世界，抒写内心感受就成了孩子们的重头戏，这与我们平常的日记写作不也契合吗？

说到这儿，我不由自主地想到了由曾国藩的日记汇编而成的《曾国藩全集》。厚厚的曾氏日记构成了曾国藩的整个精神世界，也成全了曾国藩这个人，今天我们在高度赞美曾国藩的同时，谁还会理论说曾氏的东西并不是纯粹的文学著作，只是些絮絮叨叨的内心独白？

正如周国平老师所说，如果有可能，我希望语文只让孩子们干两件事：阅读和日记。在我看来，写日记，不仅是构成个人精神世界的重要素材，更是写作的基石和港湾。为了孩子的写作，我们理应铺平日记这一条五彩斑斓之路，让孩子书写身边之事……

综合所述，就是我给今天的讲座取名"写作在身边"的理由了。再次感谢各位老师的聆听。谢谢！

# 文本作为例子存在的作用
## ——备课随想

暑假期间，准备下学期的上课内容。翻阅教材，我又读到了北师大版《"诺曼底"号遇难记》这篇课文，顿觉亲切异常。这篇课文，以前我上人教版的六年级课曾经讲过，还曾借班上过，不为别的，我就是无比喜欢这篇课文，觉得这篇课文中船长这个人物形象让我很感动。

今天再次读到这篇课文，说实话，我完全可以不用再备课。上了两次课加上专门梳理过教案，还把教案拿出去参赛过，我现在仍旧对整个教学流程记忆犹新。不过思量半晌，我还是决定再次认真地阅读课文，心想读一读，也许还能读出别样的感受来。

这一读，果然有了新发现。

这篇课文较之以前的版本，添加了许多的新内容。

首先是关于船只的介绍：诺曼底号是一艘大轮船，在英伦海峡也许可以算得上是最漂亮的邮船之一。它装货容量六百吨，船体长二百二十尺，宽二十五尺。海员们都说它很"年轻"，因为它才七岁，是1863年造的。

然后是关于船被撞之后的情形：船上没有封舱用的防漏隔墙，救生圈也不够……但整个人群因为猝然而至的变故简直都疯了似的，乱得不可开交。几秒钟前大家还在酣睡，蓦地，而且，立时立刻，就要丧命，这怎么能不叫人失魂落魄！

关于哈尔威船长的形象：事情总是这样，哪里有可卑的利己主义，哪里就会有悲壮的舍己救人。

我脑子里马上蹦出一个问题：为什么编者要将这几句曾经被删除的句子重新纳入课文之中？为什么以前的教材会将这几句话删除掉？

再次回到课文之中，反复阅读，我读出了一些新的信息来。

（1）对"诺曼底"号船只情况的补充，是为了进一步说明这是一艘让所有人信赖的船只。

"它装货容量六百吨，船体长二百二十尺，宽二十五尺。"说明船只吨位大，航行平稳。而且船只"年轻"，成色很新，任何人都无须考虑这只船本身的质量问题。可以这么理解，这是一艘让乘客、船员、船长和老板都无须担忧的船，它经得起海上的大风大浪。何况船长很有经验，经常航行在这条航线上，对沿途情况了如指掌。由此避免读者关于事故的设想，譬如因船只服役年限过长不足以抵挡一般的撞船事故等，更突显出事件发生的突然性。

其次，从"船上没有封舱用的防漏隔墙，救生圈也不够"的补充也可以看出，谁都觉得这是一艘固若金汤的船只。所有人都认为防漏隔墙和救生圈对"诺曼底"号来说是摆设，根本用不着。

（2）补充材料更体现当时情况的危急。

"船上没有封舱用的防漏隔墙，救生圈也不够。"一旦危机发生，场面的惨烈不可想象。岌岌可危的场景下更看出抢险的艰难，船长的沉着与冷静这时候就成了全体人员的救命稻草。

这让读者对当时的危急状况有了进一步理解，同时也进一步补充说明在使用者看来，那些所谓的抢险措施对这艘船来说完全没有必要。所以，后面重新纳入课文的有关人群混乱场面的描述，让没有经历过这类事件的读者产生更贴近当时场景的想象，而且由于选文用于小学生阅读，详尽的描述能让学生有更真切的画面感，凸显"惊慌失措"的"乱"。对哈尔威船长的评价，其实就是这篇文章的中心，具有纪念碑文式的作用。一个"利己主义"，一个"舍己救人"，对比让我们深刻地体会到哈尔威船长非同一般的人格魅力。

由此看来，补充的内容对于帮助老师和学生更好地理解课文内容，感受人物的形象有着画龙点睛的作用。

如果我们稍微追问一句：为什么编者的态度突然发生了这样的变化，是他们突然感到对原文的随意删除不妥当，还是对当下教材形态的具体研究使他们觉得有必要做出这样的调整？

叶圣陶先生曾说："知识不能凭空得到，习惯不能凭空养成，必须有所凭借。那凭借就是国文教本……从这里，学生得到了阅读的知识，更使学生试着去揣摩它们，意念要怎样的结构和表达，才正确而精密，揣摩不出的，由教师帮助；从这里，学生得到写作的知识。"

看来，编者的意图很明显，希望尽可能通过原文展示，更加细致地体现作者的表达意图和写作情怀，从而让学生在依靠阅读建立自己新知识的过程中，能更全面、更立体、更深刻而且更准确地理解文章传达出来的信息，也更有效地实现编者的选材目的。

那选文修改之后，学生在学习过程中是不是一定能够实现编者和作者的这一目的呢？教师在解读文章的时候是不是也能较为准确地理解教材编排的意思？同时还有一个问题也不能不引起我们的思考：现行的教学参考书，老师们不可或缺的拐棍，出题者的遥控面板，是不是也在解读过程中凸显了新课标的精神？

还是让我们回到教材之中去，以《"诺曼底"号遇难记》这篇课文为例子，看看教材和教参给予我们的有关信息。

首先我们看看教师非常在意的课后思考：

（1）在危急时刻，船长是怎么做的？你怎样理解"伟大的灵魂"？

（2）找出课文中描写雾的语句，说一说作者为什么要反复写雾。

（3）生字方面：需要认读的生字有"吨、葬、剖、湍、秩、洛、违、渊"，需要识记的生字有"例、岛、驶、奥、哗、秩、秒、淹、违、抗、薄"。

其次，再看看我们教材一直贯穿的技能训练：

（1）让孩子根据课文主要内容学写提纲；

（2）根据故事的生发过程画情节曲线；

（3）阅读时要善于抓住人物的动作、语言、心理活动来体会人物的思想感情；

（4）继续培养学生自学生字的能力；

（5）继续训练学生搜集资料的能力。

现在我们试着来归纳一下上面的各项作业和技能，不外乎下面几点：进一步训练最基本的技能——识字记字能力；训练学生抓故事的情节发展，体会故事的跌宕起伏；能够上网搜集有关资料，帮助自己理解课文内容以及丰富故事的发生发展。可是，对于孩子的表达（口头表达和书面写作）能力培养，我们的教材和教参似乎是一片空白，几乎没有给出什么具体指导，和过去人教版选择此文时相比，并没有新的意图显现出来。

孩子语文能力的发展应该包含听说读写，单一的基础知识和基本技能的反复训练加上几个枯燥的考察项目，使得学生的表达能力一直徘徊在低级的重复阶段。从这里我们不难理解，现在的孩子为什么一上台说话（特别是如我这样没有机会上台的人）就语无伦次，一说写作就头疼无比。因为我们现行的教材和教参对表达能力的培养仅仅罗列在说话、写话以及单元后面的写作要求之中，对每一篇课文却没有具体的目标呈现出来，即便有目标，其表达范畴也与学生的生活实际隔着一定距离。那么参与教育教学的一线老师，接受学校教育的学生，他们又怎么可能就每篇课文的具体要求，有意识地思考应该努力的方向？更何况我们现在的课文虽说以单元主题的形式编目，可是有些单元的课文之间主题的内在联系甚少，有的几乎没有任何关联，课文和课文揉捏在一起，显得牵强附会。

正如王荣生先生在他的《语文科课程论基础》中说到的那样：我国语文课程的主要问题，反映在课程层面，是"学校语文知识"的表面泛滥与实质贫乏，反映在教材、教学层面，是不知道"例文"在"例"什么。除了翻来覆去的那点点语法、修辞格、记叙方法、描写方法、说明方法、议论方法，也没有多少东西可"例"。而那一点点东西，在通常的情况下，与其说是在被选文所"例"，毋宁说是在那边生硬地"讲"，用硬生生地"讲"去肢解选文，最终教师所"讲"、学生所"记"的，与其说是"语文知识"，毋宁说是考题的"标准答案"。

一语中的，王老师说出了我们语文教育教学当前的现状。

再把我们很陌生的美国教材中《美国语文》的课后作业选择一部分出来看看，也许就能找到我们与他们之间的不同。这里我选择它的第一篇《第一次美洲航海日志》（节选）来加以说明。这篇课文很简单，可是它在某种程度上与《"诺曼底"号遇难记》有着很多相似之处。它的课后作业包括如下几个方面：

问题指南
{
思考——解释、评价、应用

文学与生活——读者反应、领导能力测试、主题焦点

阅读理解——人物反应

文学聚焦——日志目的
}

作品累积
{
微型写作课——口头报告、写作技巧重点、日志中的
范例、构思写稿、修改
点子库——多角度阐释、搜集哥伦布评价
}

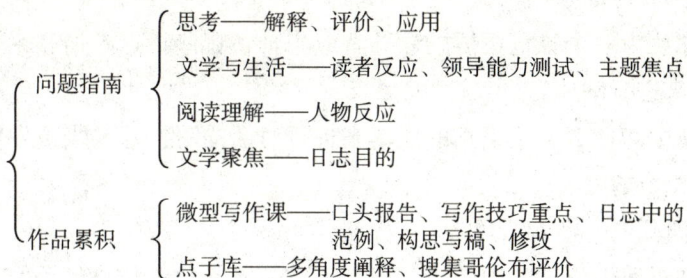

不用多说，只需看一眼这条分缕析的课后作业，美国语文教育的专业态度可见一斑。学校语文教育关系到学生学习的方方面面，很多西方国家的语文教育值得我们借鉴。

以美国为例的语文教育不仅课后作业详尽全面，而且教材指向紧跟时代、贴近生活与需求。就拿《第一次美洲航海日志》来说，其中有这样两个问题：如果你是哥伦布航行的资助者，读到他的这段经历记录，你会有什么样的感受？和同学们组成小组，列出优秀的领导者所需具备的素质，和同学们讨论你的结论。相较而言，我们的教学内容和目标指向显得空泛和随意了些。

仍旧拿《"诺曼底"号遇难记》来说吧。我们一般的教师（包括我和我的绝大多数同事，还算是较努力、较认真）都较多关注哈尔威船长的人格魅力，并且几乎都是通过对人物的动作、语言、神态、心理的品读来感受哈尔威船长的崇高品质，通过对比人们的慌乱不堪与船长的临危不乱来理解利己主义与舍己救人的强烈反差，感受哈尔威船长的高大形象，从而实现对文本的解读。

说实话，在以前的我看来，这就是这篇文章所承载的意义。可是自从拜读了王荣生先生的文章，再对照美国的语文教材之后，我才发现我的理解几乎片面到什么也没教给孩子，也没给孩子任何有意义的启迪，除了千篇一律的考试要点。如果一个老师经验不够，或许连考试要点也捕捉得不准确。

如果我们能够对我们教材中的文章多一点思考，或从上面的例子中受到一些启发的话，也许对于《"诺曼底"号遇难记》这篇课文我们可以从下面几个角度来思考。

●关于课文内容的思考：

（1）哈尔威船长为什么一定要抽出枪来威胁大家？在当时的情况下，他还有别的办法制止人们的疯狂行为吗？

（2）对于船员和乘客来说，他们对哈尔威船长的举动持什么态度？你能

从课文中找到相应的根据来么？

（3）你认为一个临危不惧的领导者应当具备哪些特点？请联系生活实际与课文内容来进行阐述。

（4）文中为什么会用很长的段落来进行对话描写？这与当下发生的许多事情有没有契合之处？

●联系时代与生活背景思考：

（1）如果我们将课文中的哈尔威船长更换成其他船长，你仍旧会相信船长与大副、机械师的对话么？你可能会怎么想？为什么你会这么想？你认为在救援过程中可能会出现什么样的状况？

（2）假设哈尔威船长最后并没有随着轮船沉入海底，后来决定继续在轮船公司找工作，你认为他能够再次找到船长这样的工作么？你的根据是什么？

●写作练习（选作）：

（1）课文的第十六至第三十四自然段重点通过船长与大副、机械师的对话让所有的人都了解当时的危急情况。请你回想一下你与他人的对话，试着用一段对话描写来呈现特定情况的场景。

（2）文中多次出现对雾的描写，来预示即将出现的结果以及暗示人们当时的心情。请根据你的观察和理解写一段景物，体现在这种环境下人物的心理变化。

（3）回想《跳水》中的父亲以及哈尔威船长，为什么作者都给他们配备了一支枪？

●口语训练：

如果你是一名幸存的船员，你的家人向你询问起船沉没时的情形，你准备讲些什么，哪些地方你将重点详细描述？

●查找描绘：

认真观察世界地图，熟悉英国图形，将"诺曼底"号沉船的地方勾画下来。

我想如果将一篇课文教学需要思考和完成的内容能够通过教材和教参这样详尽地描述下来，教师在读课备课的时候思考更全面更细致一些，然后用于课文教学指导，并且有意识地贯穿在教育过程中，或许学生的语文能力将得到更全面的提升，思维的辩证性、发散性更强，他们更能适应未来的世界变化。

文本的作用是什么，就是例子。这是叶圣陶先生早就一再强调过的。用好例子，才能让学生学习的兴趣更浓，教学的效果更显著，并且才可以更加从容地与生活接轨，跟上时代节奏。当然这或许涉及我们价值取向下的教育政策走向，不过如果能在自己的教育教学中适当地渗透、扩展相应的内容，对于孩子能力素养的发展应该有一定的帮助。

# 手舞足蹈第一节

时间：星期一早上第一节。内容：《丁丁写字》一课的生字教学。

走进教室，孩子们无精打采地待在自己的座位上，等着我的召唤。有的一只手撑着脑袋，另一只手伸向一旁的同桌；有的无所事事地翻看着拼音本或者课外书，忘了课前准备；有的手中还捏着一本漫画书，是准备继续看还是要放进抽屉里，我不得而知。我只知道，此刻的孩子们像一盘散沙，毫无聚合力。

放下手中的课本和教具，我故意放低身子，向前伸直脖子，睁大眼睛，做出一副仔细打量每个孩子的神情。孩子们见我这样，都不好意思地放下了手中的东西，停止了小动作，趴在桌子上。看来他们都知道此刻老师需要他们安静下来，趴在桌子上静息。

我故意让这一行为持续了十几秒钟。这期间，教室里静极了。我示意站在一旁的值日班长施口令。值日班长的口令清楚洪亮，所有孩子都快速地站了起来，眼睛朝向我站立的方向。可是，你看：小远，张大了嘴巴打呵欠；瑞瑞，一双眼睛似醒非醒；强强，虽然眼睛望向我，身子却柔弱无力，仿佛随时都准备软下去；嘉嘉，一双手伸在抽屉里，她还要继续玩刚才玩的东西么？

我要用什么方法才能让所有的孩子都把注意力转移到我身上，让他们的心不在焉烟消云散，让没有精神的他们打起精神来？难道老师真的要像莫后光先生（明朝著名的说书人）嘲笑私塾老师所说的那样：今村塾师冷面对儿童？每个老师都冷面对孩子，他们能有学习的热情？

孩子们看着我，我看着他们。然后我弯腰成45度，对他们说道："孩子们——再见——"他们正要弯腰，突然哈哈大笑起来，几个反应快的孩子大声喊道："汪老师，你说错了。你说'再见'，现在才开始上课，你就说'再见'了。"

我"一头雾水"，"茫然"地看着他们，问："我刚才说'再见'了吗？你们听错了吧？"

"没听错，你说的就是'再见'！"孩子们不仅语气肯定，而且还因为抓住了老师的小辫子得意扬扬。

"哦，谢谢你们帮老师纠正了错误！老师年龄有点大了，经常说话语无伦次，以后你们要多帮助老师哦。"

"没问题！"得到老师的表扬，孩子们顿时来了劲，教室里懒洋洋的阴霾一扫而光。

我达到了自己的目的，请孩子们坐下。我再一次环视全班孩子，让我的目光与每一个孩子的目光相遇。我提出了这节课的第一个问题："这节课，你希望老师怎么上课？"

"我希望老师上得很有趣，很好玩。"

"我希望老师上得很搞笑，让我们觉得很开心。"

"我最希望这节课老师能给我们讲一讲古人是怎么把字造出来的。我觉得造字很有意思。"

"我也想知道汉字是怎么造出来的。这样我就可以回家讲给我妈妈听。"

"那你们希望自己这节课怎么上课呢？"我继续问。

"我要认真听课，不跟同桌讲话。"

"我如果想讲话，就揪自己一下。妈妈说，这样提醒自己就不会讲话了。"这是强强的声音。

我说："看来我们每个孩子都已经准备好了，要认真地跟着老师上好这一节课。"

所有的孩子都一本正经地点了点头。

接下来我和孩子们一起走进了教学。

出示题目：丁丁写字。指名请孩子来读。第一个孩子把"丁"读成了前鼻音。下面有孩子小声地纠正着。第二个孩子很大声地读了一遍题目，似乎在有意识地让第一个孩子听明白。

孩子们已经在家里读过五遍课文，所以我现在要做的，就是检查一下孩子们在家读书的效果，为我下一步的教学做准备。

出示生字卡片。我没有请平时学习轻松的孩子起来，而是选择了学习较为困难的几个孩子。请了六个孩子，出示了六个生字，结果四个孩子读不准字音或者不认识生字。看来在课堂上还得花一点儿时间让孩子们认读生字。预习不到位会让课堂教学的速度慢下来，效果也会大打折扣。我对孩子们说："请大家翻到语文书的第四十页，将生字条中的生字每个拼读两遍。哪个字认读起来比较困难，就多读几遍。"顿时，教室里读书声四起，孩子们都伸着小手，专注地指着生字拼读着。有的孩子还特意用食指比画着声调，那神情多么让人愉

快呀!

接下来，我请孩子们拿出铅笔，用"Δ"标出生字中声母是鼻音的音节，再用手势告诉大家声母是鼻音的生字的个数。我看到有的孩子比画着"1"，有两个孩子比画着"2"，居然有一个孩子比画的是"3"。比画着"3"的鑫鑫是所有同学中动作最快的。我知道他错了，不过也应该让他知道自己错在哪儿。我请他起来给大家说一说答案。他说"丢"，孩子们就说"它是复韵母"；再说"身"，孩子们就说"它是翘舌音音节"。鑫鑫不好意思地看着自己的书，没有继续说，失落得一屁股坐了下去。我提醒他说："以后不要太快举手了，做完之后一定要认真检查才好。要又快又正确才好哦。"我又请了另一个孩子说出正确答案，他说生字中只有"拿"是鼻音音节。我发现有错的孩子已经忙着低头改错了，鑫鑫捏着橡皮擦在使劲擦。

接着，我要求孩子们用"〰"勾画后鼻韵母的生字。这下，举手的孩子动作就没有刚才那么快了，特别是鑫鑫，我发现他在小声嘀咕着，好像在拼读音节。可见，适当的提示对于学生多么必要。

孩子们拼读了音节之后识字效果如何，"开火车"读一读就知道了。从第一小组第一个孩子开始，一纵队竖着下去，二纵队溯着上来，依次进行下去，直到全班所有的孩子都读了一遍。这一次，除了个别孩子在读"拿（ná）"的时候读作"lá"，其他读音都快速而准确。

经过这么一番折腾，孩子们不仅再次拼读了所有生字的音节，复习了生字的读音，而且对于声母中的鼻音、韵母中的前后鼻韵母都有了进一步的认知和识记。这种认读生字的方法是我喜欢使用的，也是孩子们感兴趣的。

再次拼读"拿（ná）"之后，我们顺理成章进入下面一个环节。

识记生字的结构、给生字找朋友（组词）以及了解生字的笔顺笔画都是习字过程的重要组成部分。本课一类生字7个，分别是"写、好、对、拿、笔、丢、身"，二类生字11个，若平均用力，恐怕两节课都上不完。二类生字只需要孩子会认读即可，一类生字才是本节课的重点。7个生字中，有的生字是独体字，也可以说成是部首字，如"身"；有的是左右结构的字，如"好、对"；有的生字我们可以通过换部首或者一个熟字加一个部首的方法来识记生字，如"对"，可以用"村－木＋又＝对"，也可以用"树－木＝对"。但如果这样的生字老师还一笔一画包地教学的话，恐怕孩子们以后都不会思考了。我得既调动孩子的学习积极性，又能在较短的时间内让孩子们准确地记住这些生字。嗯，最好的办法还是先把问题交给孩子们。

我问孩子们如下问题："你觉得这些生字中哪些记起来比较困难？"我相信，他们一定会提到"身""写"。这两个生字中，"身"作为一个新出现的部首字，从字的书写笔顺到字义理解都需要老师的指点。这也是我这节课需要用力的重难点之一。"写"的部首"秃宝盖"和下面的"与"都是孩子们第一次接触的新内容，需要我和孩子们一起想办法来了解并熟悉。

的确如我所想，孩子们略加思索，马上指出"身""写"是他们不好掌握的难点。我说道："剩下的5个字看来孩子们都觉得不难，那你们就和同桌一起交流你记生字的好办法。等一会儿我们全班交流，学习最好的识记方法。"我的话音刚落，教室里声音四起，孩子们各自开始分享、讨论。我则走到一个孩子身旁，和他一起学习。班上37个孩子，这个孩子一个人单桌。待我再次抬头环视，发现绝大多数孩子已经停止了讨论，正等着我回归讲台。

全班交流热烈而踊跃。有的孩子编儿歌：女子好，合手拿，又寸对。有的孩子用加减法来记住生字。比如"对"，他们想到了好几个字来更换部首："过-辶+又=对"；"村-木+又=对"；"讨-讠+又=对"。孩子们看到能找到这么多熟悉的字来做部首更换，都不由叫了一声"哇——哦"。有的孩子直接说，"树"减去"木"就是"对"。至于"丢"和"笔"，孩子们都觉得它们真的很简单，所以字的组成就一带而过，接下来重点是给它们"找朋友"（组词）。

在给"拿"找朋友时，孩子们给出了"拿东西、拿出、拿好、拿书"等词语，还有个孩子说到了"拿手"。我追问了一句："拿手"是什么意思呢？孩子说就是"把手给拿着"。马上又有一个孩子站起来反驳，说"拿手"就是"很厉害"。我又问："那你们最拿手的是什么？""我最拿手的是打游戏。"全班皆笑。"我最拿手的是写字。"这个孩子的确是我们班书写很漂亮的小家伙，他的口气中包含了多少自信和骄傲呀。"我最拿手的是读课外书，我都已经开始读《三国演义》啦！"哇，全班孩子不约而同地转身望着他，仿佛第一天才认识他似的。一个孩子更有趣，他说，老师最拿手的是上课。我马上用歉意的口吻告诉大家，老师现在上课还不够拿手，还需要不断学习。一个孩子马上接嘴道："你教书不拿手为什么还教书呢？"天，原来他们心目中的老师就一定要做到教书最棒！这个目标对我来说真是高不可及呀。由此又可以看出孩子们对老师是多么的信任。

不知不觉，孩子们已经学会了用"拿手"造句。而且，他们话语中的骄傲与自豪让别的孩子也看到付出所带来的成功体验。这真是意外收获。

抬眼望向教室后面的挂钟，时间显示这堂课已经过去了20多分钟了。我对着台下的孩子们喊道："全体起立——"所有的孩子都认为是课中操时间到了，都马上站立起来，并开始自觉地动手动脚扭腰晃头。

我开始发号施令，并且示范：

"举起你的左手至头顶，

"挺直你的腰，

"抬起你的左脚往前伸直，

"摸摸你的肚皮——"

全班大笑，一边跟着我摸索自己的肚子，一边笑称"肚皮"。

"右腿站直咯。好——稳定5秒钟。"

孩子们都在努力站直中，东倒西歪者也不少见。站歪者哈哈大笑，赶紧调整身姿；站直者忍不住跟着笑，反而要倒。教室里笑声一片。

看到孩子们倦意一扫而光，我示意所有的孩子都坐下，静息。教室里静悄悄的，一切都变得那么舒适惬意。在我的口令之下，孩子们坐端，双目有神地看着我，继续接下来的学习。

我请孩子们迅速寻找：刚才我们的造型是生字中的哪一个？孩子们心领神会，纷纷举起小手。我走到一个孩子跟前，请他大声地告诉大家。他站起来胸有成竹地说道——"身，身体的身。"

"你怎么知道？"我追问。

"因为你刚才让我们举起左手超过头顶，这就是'身'的'丿'，伸出去的左脚就是'身'的长'丿'，你还让我们把右脚打直站稳，就相当于是身的'横折钩'，'肚皮'就是身中间的两个'一'。"看来孩子们对我这样奇特的造型还是挺能领会的。

"这个'身'中间为什么不造出三个'一'来呢？"我穷追猛打。

一个孩子说道："老师以前不是讲过吗，三个一样在古代表示非常非常多的意思。就像'品'表示很多嘴巴，'森'表示很多树木，'三撇'表示很多胡须。我觉得如果里面用'三横'，就应该表示很多很多骨头。我们人没有那么多骨头，就用'两横'来表示了。"

听孩子说得这么清楚，我觉得已经不需要再啰嗦了。我提醒孩子握笔，在田字格中把"身"字描两次。再问他们，"身"的第三笔是什么，大家都齐声答道——"横折钩"。

最后就是"写"字的教学了。我问孩子们，会写这个"写"的人举手，居然有三分之一的孩子能写。那就好，我请一个会写的孩子来告诉大家怎么记住这个字。孩子站起来说道："写是一个上下结构的字，上面的就是'宀'去掉'丶'，下面是一个'与'。"

"与"怎么写？这需要我们全班同学一起书空。于是，所有的孩子都举起右手的食指，跟着我一起认真地书写起"与"的笔顺来。"与"的第二笔"竖折折钩"需要提醒孩子特别关注。为此，我请孩子们数一数，"写"的第四笔是什么。孩子们在这一过程中，再次书空并复习了"竖折折钩"这一笔画名称。

课堂中必须让孩子们动脑、动口、动手，所以剩下的时间，全班同学齐声朗读了黑板上的所有词语后，就动手写字，每个字写两遍。老师巡视，观察孩子的写字姿势，关注书写是否正确，随时纠正不正确的笔顺、笔画和坐姿。

就这样，星期一早上的第一节课，在我严阵以待、微微冒汗的状态中结束了。不知这节课我的手舞足蹈，换来的是孩子们怎样的学习效果，但愿我没有白白浪费他们的时光。

教育篇

# 教育无小事

## 班级在我心

　　一个人和一个人相遇，很偶然。一个人和一群人相遇，则是必然，源于他一直行走在这条路上，就像我和这样一群孩子相聚。和孩子们相遇，我感动莫名。窃喜之余，我内心惴惴，不敢有半点马虎：谁家还有比孩子更值得珍视的宝贝儿？怀揣这样的忐忑，我开始了班级日志记录，把自己每天的行为晒在家长们眼前，也曝晒在阳光之下。在文字和目光的监督之下，我不断反躬自省，由此不断进步。现在回想起这种感觉，倒为这段时光心生欢喜。

## 背　书

　　今天的夜晚十分美丽，每个人脸上都洋溢着温和的笑容，手上拿着从小区物业员工手里领来的月饼，甜滋滋地品着。其实那是十分普通的月饼，可是每一个业主都吃得津津有味，似乎都感受到了月亮的关怀。

　　我从外边散步回来，看了一下小区的节目。题目好像是"月圆中秋，家庭节闭幕式"，我突然想到昨天在课堂上背课文的狼狈相，于是快步走回家，坐下来，整理思绪，将本周发生的趣事一一记录下来。

　　回忆着一个星期以来发生的事情，我觉得最有趣的莫过于被全班同学惩罚背课文了。

　　事情还得从星期三的晚自习说起。那天晚上，我从家里吃完晚饭快步向学校走去，以便提前到办公室做晚自习上课前的准备。走到学校门口时，我发现自己没带校牌，心中顿时一惊：糟了，没戴校牌，如果被学生发现，肯定不会放过我，不知会被他们罚什么？这样想着想着，我来到办公室，看到关老师已经坐在办公室，一副很舒服的样子。我便和她边吹牛边做事，转眼就到了上课时间。

来到教室，我刚站到讲台上，就看到锐锐盯着我，接着用一双手比画着奇怪的姿势，好像要告诉我什么。我不太明白，于是便问他什么事。他站起来大声地说："老师，你没戴校牌。"他话音刚落，全班同学都说："老师，你违规了，该受处罚。"我才恍然大悟，原来他是要告诉我这个呀！我不得不佩服学生的眼睛是雪亮的。

大家定的规矩谁都不能违背，不管是老师还是同学，一视同仁。（学生不戴红领巾视为违规，老师不戴校牌与学生同错）全班同学都静静地看着我，看我怎么处罚我自己，看我会不会给自己特殊权利，看我是不是说话算话。我巡视大家，片刻没有说话，教室里似乎有一股暗流在涌动。

接着，我请出了中队长，问他："中队长，你看怎么处理这件事？"

中队长环视着大家，什么也没说。我猜测可能他不好意思得罪我吧。

没办法，我只好请其他同学，希望他们能够不留情面地说出对我的惩罚。可是谁站起来都没开口。

突然下面有个小小的声音："罚背课文。"接着大家就跟着起哄："罚背课文。"我把说出真实想法的同学请了起来，问他想让我背哪一课。

这一问不要紧，他居然狠心地提出要我背诵第五课《挑山工》。天！《挑山工》这一课我们还没有学呢，何况这篇课文很长，要背下来真不容易哦。我在心里默默地说："臭小子，害你们老师呢！你就不能下手轻点？"

正在我愁眉不展的时候，一个孩子站起来说："这课文实在太长了，我们还是让老师少背点吧。要不让她背最长的一个自然段？不然下次我们没戴红领巾也受这样的处罚，那好惨啰。"

听他这么一说，大多数同学都沉思起来，似乎都在为自己的将来考虑（万一自己没戴红领巾）。为了让大家公平决策，我提议举手表决：同意让我只背最长的自然段的同学举手！居然票数过半，乖乖！我悬着的一颗心才终于放下来，因为他们要求必须在星期五放学之前当着全班同学背诵。我掐指一算，就只有明天和后天的时间可以读一读，而且只有在孩子们早上早读的时间我才有机会读，我不可能拿一本书傻傻地在办公室大声朗读吧。

后来的日子在可以预见的安排下一晃而过，我第一次感觉到早读的时间是如此的短暂，星期四早上我把要背的课文按意思分句，逐句逐句地读书，然后攒起来试着背诵，可是有几个地方总是有问题，不熟悉。星期五的早上经过一阵专心致志的朗读加背诵，比较熟了，我志得意满："没问题，肯定

顺利过关。"

没想人算不如天算，接下来的一整天时间我一直在穷忙乎，把背课文的事丢到了九霄云外。等到我再次想起这件事的时候，已经是下午的第一节课，也就是我要去参加"考试"的时间。

"考官们"坐得端端正正，人人都一本正经地拿着书，以从未有过的精神面貌盯着书上的铅字。看到这种阵势，我居然前额冒出了汗，还真是紧张。

我逃无可逃，只好面带笑容给大家背起来。教室里静得连一根针掉在地上都听得清清楚楚，只有我背诵课文的声音在教室里回荡着。刚开始特别让我丢脸，因为紧张，我居然一开口就错了两个字。这下可是被孩子们抓到漏眼了，他们居然异口同声地给我改错，我真恨不得有个地缝钻进去，脸上一阵发烧。慢慢地，虽然有点结巴，但还能往下继续。一个字有问题，他们马上抬起头盯着我，我搜肠刮肚地想，还好，想起来了。继续下去，有一个词我突然脑子短路想不起来，有一个同学张着嘴想提醒我，其他同学马上举着指头"嘘"。陆小胖大声说"老师加油"！后来又错了两个，但他们还是很善解人意地原谅了我，让我继续背下去。最后一句话背完，我终于长长地松了一口气。超超站起来说："虽然老师错了几个字，但我们还是原谅她。"其他同学都重重地点了点头。

虽然这只是一件小事，可下课后同学们对我说的话，我却记忆犹新：

"老师，我很佩服你，你说话算话。"

"要是我妈妈也像你一样说话算数就好了。"

"老师从来说话都算数的。"

一件小事，让我获得了许多以前没得到的赞许。想着这件事对每个孩子的影响，想到他们都会和熟悉的人自豪地谈起他们的老师，谈起老师在课堂上被他们理直气壮地抽背课文，谈起老师也和他们一样平等地受罚，和他们是站在同一个舞台上的舞蹈者……想到这里，我心里荡漾着一种被重视、被他们视为朋友的快乐。

# 希望的田野

今天是上班的第二天，按照学校的要求，每个班主任必须将自己的教室打扫干净，并进行合理的布置，还要在黑板上写上激励孩子的话语。

我一边扫着地，一边想着黑板上该写的内容。以前我用过一些题目，比如

"孩子，欢迎你回家""快乐起航"等，现在已经有很多老师跟着用上了这些题目。这些题目非常好，简单好记，同时体现了老师的期望。可是我总希望用一些别出心裁的东西来凸显我的个人风格。今年我们班进入了五年级下学期，家长对孩子们抱有很大的期望，个个都"望子成龙""望女成凤"。这样的想法我是能够理解的，就像农民种地一样，哪个不向往着秋天的收获呢？对于每天生活在学校的孩子们来说，他们难道不需要希望？只有希望，才能让他们敢于迎接生活与学习上的挑战，才能在困难面前不抱怨、不叹息，挺直脊梁坚忍不拔！希望让优生看到奋斗的结果，希望让差生点燃努力的火焰，希望让中等生有奋起直追的勇气。

希望，让我们活得充实，活得有精气神，活得有理想。正是在希望之下，教师想出一切可以使用的方法，调动孩子和家长的积极性。正是在希望之下，家长将孩子交到我们的手中，老师是希望的奠基石。正是在希望之下，我们面对六年的小学教育才不觉得枯燥难捱，因为收获的憧憬在前方招手。有希望，有向往，有目标，让我们变得有动力。

充分的理由让我决定在开学那天用上"希望"一词，可是仅仅用希望肯定是不够的，于是我构思着："新年播种新希望"？"播撒希望"？……突然我想起一首歌：《在希望的田野上》。我心中反复地念叨着，觉得这个题目真不错。学校是一个十分漂亮又充满生机的地方，班级是孩子们都十分喜欢的感觉很温馨的地方，老师是孩子们的倾诉对象，和孩子们无话不说、无话不谈，这样的地方难道不是适宜孩子们成长的肥沃的土地？"希望的田野"这个名字被我给予了新含义。

想着这个好题目，我便将其写在黑板上。我看着这个富有诗意的题目，在心中提醒自己，孩子们到校的那天晚上，我一定要将这个题目所包含的意思告诉孩子们，让他们明白老师的心意。让每一个孩子不仅能快乐地学习、生活，更要活得有希望。

当然这句话也送给我自己，在新的学期，让我在这块肥沃的土地上，将希望之种播撒，收获心中的希望。

过了两天，就是新学期的第一天，也是孩子们报到的日子。

中午十二点半左右，我就来到学校，等待孩子们到校。我知道在家待久了的孩子会很想念同学，所以会急不可耐地很早到校。上到五楼，发现还没有一个孩子到来，我便决定先把同学们的书本逐一地发到学生的位置上。书本发放完了，终于来了第一个孩子，居然是一向很调皮的涛涛同学，跟在他身后的是他的生活老师。原来母亲工作太忙，没有时间陪孩子到教室，只好由生活老师代陪。我一边检查他的作业，一边问他："涛涛，你在这学期有什么打算没有？"他看看我，摇摇头，啥也没说。看来他对于新学期没有什么计划，只是到了新学期，像所有的孩子一样到学校来就行了。

接着又来了第二个孩子，我又问了同样的问题，可是得到的回答和涛涛一样，仍旧是摇摇头。

中队长来了，陪同他来的还有他的爸爸和妈妈。这是一个很和睦的家庭，爸爸在读博士，妈妈打拼事业，孩子学习不错，品行也好。我和他们聊了几句有关春节的话题，同样将新学期是否有打算这一问题抛给了他，没想到中队长挺爽快，直言不讳地告诉我他还没有来得及考虑这个问题。

看来这个问题对大家来说还真是一个来不及考虑的话题。看看黑板上红红的五个字"希望的田野"，我知道今晚该怎样揭开这个话题了。

六点四十分，我向教室走去，想看看还需要准备什么，可是走近一看，八九个孩子已经等在教室门口。打开教室门，孩子们就在各自的位置上将自己的名字写在新发的书本上。看他们那专注的神情，真可爱。

上晚自习，主要进行收心教育，我决定从黑板上的话题开始。

"孩子们，你们看到黑板上的题目了吗？""看到了，希望的田野！"大家齐声回答。

"知道题目是什么意思吗？"教室里响起一阵叽叽喳喳的讨论声，然后几个孩子举起了手。

一个孩子说："老师，我想田野就是我们的学校、我们的班级吧。"真能干，一下就说中了老师想表达的意思。

另一和孩子说："老师，我认为我们班就是田野，我们就是田里的庄稼。"别说，孩子们的理解力真的不赖。

陆小胖举手了，胖胖的脸上露出了一个他的招牌微笑——因为笑眼睛眯成了一条线。他不疾不徐地说道："我认为老师把自己比喻成农民……"孩子们大笑。我赶紧鼓励："理解得不错，继续。""我们就是农民种的庄稼，当然希望得到收获了。"话还没说完，脸已经红得像个大柿子。虽然把收成说成了收获，但是我很佩服孩子们能完全领会老师的意思。

我接着说道："农民希望自己田里的庄稼得到好收成，老师希望自己的学生能有好成就，不仅仅是好成绩。我希望每个孩子都像那一棵棵高大挺拔的楠木树一样，富有生机和活力，成为国家的栋梁之材……"孩子们第一次听到我如此诚恳地和他们讨论关于希望的话题，个个都听得十分专心。我想我今晚的收心教育也达到了预定目标，虽然有的话需要他们在今后的人生路上不断经历，才能感受到老师的一番苦心，但每个人都必须拥有希望才有力量，才能克服困难。

晚自习之后，我又去了孩子们的寝室，和每个女孩子来了个热烈拥抱。孩子们很好玩，拥抱之前总要助跑两步，生怕力度不够，结果差点将我撞倒，逗得大家一阵大笑。男孩子比较含蓄，和我握个手击个掌就赶紧跑掉了。

这学期我们班转走了两个孩子，一个是平常喜欢捣蛋的咚咚，虽说他平常没少给我惹麻烦，但他走了，还挺舍不得。他转到另一所学校了，在教室里我还对孩子们说挺难过，结果晚上巡视寝室就看到他了。他说他很舍不得同学们，来看看，还买了一大堆东西呢！另一个孩子到足球学校了，不知情况怎样，准备明天打电话问问。尽管不是我班里的学生了，可是我还是将他视作我的孩子，毕竟和我一同生活学习了五年。

## 稍等片刻

上午的语文课，我们正在完成《语文天地》中的第三题。小手如林，大家都想站起来读题目。我请佳佳示读，因为我发现这孩子有些心不在焉，请他读题目就是提醒他要认真听课。没想到这家伙真是"身在曹营心在汉"，站起来就大声地朗读着第二题的题目，逗得全班同学齐声抱怨："佳佳——"

佳佳不知所措，站在位置上看着我。孩子为什么如此走神？我决定一探究竟。

下课找到佳佳，正要询问原因，坐佳佳后面的然然对我说："佳佳的画笔被小费拿走了，小费不还给他，还找他说话。"咦，还有这样的事情？小费为什么不把笔还给佳佳呢？

"小费，你过来！"我在讲台上叫着小费。小费过来了。我问："听说你拿走了佳佳的画笔又不还给佳佳？"

小费坦然地看着我，脸上是一如往常的平静："我没拿他的笔，这笔是我的。"尽管平静，可我还是从中听出了一点底气不足。

"去把笔拿来我看看。"我吩咐小费。佳佳的好朋友然然，耐心地等着佳佳一起去音乐教室上课。我提醒然然先去音乐教室，意思是不用等佳佳了。然然倒是挺够朋友的，还站在旁边继续等着。

接过小费递来的这支笔，我打量了一下：这是一支普通的用于绘画勾线的油性画笔，与我日常在文具店买的区别仅在于笔帽是子弹头的，我平常用的一般都是平底笔帽。

我问小费这笔从哪儿来的，小费说要想想。过了一会儿说是从商业街买来的。花了多少钱呢，孩子又是揉脸又是抓脑袋，然后告诉我说三块钱。当我问他买了多长时间，他小声地嘀咕了一下，又自言自语地算了算，最后回答我说周末买的，不是星期五就是星期六，反正就是周末一个人到商业街买的。

想了想，我转身问然然，有没有看到佳佳什么时候开始用这支笔的。然然想也没想就答道，上周一就看到佳佳在用了。然然这么一说，加上小费闪烁的眼神，我心里什么都明白了。

接下来该干什么？

此刻我能批评小费吗？小费并没有承认这支笔是他拿的，而是明确地告诉我这是他从商业街买来的。尽管然然的证词很有说服力，可是对待孩子并不如成人那样简单直接。我相信孩子不在万不得已的情况下，是不会故意说谎的。即便孩子很想拥有某个东西，一旦他发现自己真的错了，或者被别人抓住了把柄，还是会有些难过的，因为这样的确让人不舒服。

于是我做出了一个决定。我对他们两人说："这支笔我先保管着，等事情水落石出之后再归还给主人。"当然我心里还有个小小的算盘，几个孩子站在老师眼前，孩子即便有什么想说的真相也不愿说出来，这是关乎尊严和面子的事情。时机常常需要我们耐心等待。

下午，地震演练时间。我们跑到操场上，小费满脸快乐，心情很愉快。我想此刻就是好机会。我便问道："小费，那支笔是怎么得来的？"孩子想也没想就说："我在地上捡的。"我明白了，孩子捡到东西，看到这东西喜欢就不愿还了。"还给佳佳怎么样？""可以！"很干脆，完全没有思想包袱。我拍拍孩子的脑袋，小声地对他说："这样做就对了。"说完我们两人相视一笑。

事后，我对自己的处理很是得意了一小会儿。我想，幸亏我能及时判断孩子的心理感受，并据此做出正确的处理。对于孩子的许多行为，我们成人总是有意无意戴着有色眼镜去看待。一旦他们的行为偏离了我们的判断，我们就以强势的成人思维妄下结论。殊不知，这样的自作主张往往是毁掉一个人的开始。孩子和成人不同，所以思维行事也与成人不一样。老师是成人，面对孩子的错，要有凭有据，弄清楚事情的来龙去脉，否则老师越较真越严厉，处理效果越糟糕。

# 鱼鱼的错误

早上，我接到一个电话，第一句话就是："汪老师，对不起哈！"我被弄糊涂了，这大清早的，一天才刚开始，家长有什么事该对我说"对不起"？

"昨天我听鱼鱼的好朋友说才知道，孩子在学校撒谎了，鱼鱼假期根本没有背到三十首古诗，她却跟你说她背了三十首。昨晚我好好地收拾了孩子，让她今天来给你道歉。"哦，原来是这样，这孩子是小组长，利用"工作"之便，谎报了背诵情况。

家长还在继续往下说，可是我想到了孩子，她在我心目中一向都是很优秀的，更谈不上撒谎了。可是这件事该怎么处理？找她来批评一通，让她知道撒谎的可怕，还是等孩子自己想明白之后再说？不管怎样，千万不能伤害孩子的自尊心和学习的主动性。孩子犯错误是难免的，只要小心对待，这何尝不是教育孩子的好机会？

我决定静观事态发展，然后再做决定。

上完第一节课，回到办公室，孩子来了。

站在我面前，她声音哽咽，第一句话就让我难受："汪老师，你打我吧，要不，你骂我吧。"之前我有很多种设想，可怎么也想不出开头是这样的。"为什么要我打你骂你呢？"我揣着明白装糊涂。作为老师，很多时候与其自己刨根问底，不如让孩子自己讲清楚，既是对孩子的信赖，更可利用这个机会了解事情的真相。

"昨天我犯了一个错……我不该对你撒谎说背了三十首古诗，其实我只背了十一首，我怕你批评，就撒谎了。"我看到孩子的眼泪在眼眶里打转。

孩子低着头红着脸叙述完事情经过，才长出了一口气。说出这番话，需要勇气，我猜想孩子一定经过了很久的思想斗争，才鼓起勇气走向老师。

一旁的为为和然然凑过来，被我支开了。孩子不想被别人知道的事，没必要大声嚷嚷。

我把孩子拉到面前，轻轻地拍着她的手背，示意她不要难过。待到孩子不再抽动，我一边抚摸着孩子的手一边对她说："敢于到老师面前承认错误，说明你知道这件事做错了，而且一定很想改正自己的错误，是不是？"

见孩子点头表示同意，我继续往下说："老师好高兴你能主动向老师承认错误。可是你怎么突然想起要专门到老师这儿承认错误？"我话锋一转，指向了事情的真相。

　　孩子泪汪汪地看着我，把昨晚发生在家里的事情一五一十地讲了一遍。她的妈妈真了不起，发现孩子在老师面前撒了谎，不仅没有包庇孩子，而且及时进行了批评和惩罚，让孩子在第一时间明了错误所在。我敬佩这样的家长，时时刻刻不忘严格要求孩子。

　　孩子说着说着，眼泪流了下来。我转身轻轻地搂着她，打趣说："爱哭的孩子不漂亮。"孩子不好意思地擦了擦眼泪，小声说："本来我有点害怕你批评，不想来承认错误，但是妈妈让我必须承认错误。"

　　"哦，妈妈让你来承认错误的呀，看来还是妈妈厉害哟！"

　　"老师，不是的，其实我已经知道错误了，只是害怕被批评……"孩子看着我，欲言又止。

　　"现在不害怕被老师批评了？是不是老师应该狠狠批评你才行啊？"我逗她。

　　"不要！我知道老师很爱我，想让我自己改正缺点。我也知道我做得不对，老师，你原谅我吧。"真是个聪明的孩子，一眼就看穿了老师的心思。看来孩子最在意的还是老师的感受。

　　只要老师内心有爱，聪慧敏感的孩子们是能够领会到的。

　　"老师可不想再听到你撒谎了。再撒谎，老师可不爱你这个小组长了。"尽管是和煦的批评，可我还是得让孩子明白改正错误的重要性。

　　"老师，我和妈妈商量好了，我决定这个星期五之前把没有背诵的古诗给背了。其实背古诗一点儿都不难。"鱼鱼提出了她的解决方案。

　　我笑着回应："这才是我的好鱼鱼，好组长！"说完捧着她的小脸蛋亲了一下。

　　孩子离开我时，笑容满面，完全看不出刚到我跟前时的难过和不情愿。

　　孩子知道自己错了，也明白该怎样弥补过失了，事情到这里本可以结束了，可我还想做点什么。

　　第二天，我把事情的经过在班上简单说了一下，并请大家谈谈自己的看法。教室里很静，没有一个人举手，也没有一个人说话。不急，等待比催促更能产生良好的效果。

　　航航举手了。他说："我觉得她是一个勇敢的孩子，因为她敢于承认自己的错误。"

　　晨晨站起来说："我觉得她是一个知错就改的好孩子。"看看孩子，总是那么善解人意。

卓卓说："我觉得她是一个诚实的孩子。"对，诚实，是一种美德。

…………

很多孩子都发表了自己的看法，虽然他们不知道这个孩子是谁。

## "我"是一棵树

提起树，我的脑海里总会马上跃出有关树的具体形象来：蓬勃的叶子舒展开来，形成冠状，深绿、嫩绿的叶子很张扬地炫耀着生命的活力。即便一棵小树，活得也很精彩，有事没事，只要稍有风吹草动，就会轻送髋骨，柳腰细摆，那样的身姿让周围的一切黯然逊色。

可是我今天要说的并不是树木的故事。树木本身，或生于山坡，或长于路旁，它们的成长只与它们自己有关，容不得我在一旁指手画脚。我想说的是我的孩子们的故事，权且用树来借喻一下。

办公室里，几个老师正在埋头苦干，狂批作业。突然一个老师走进来，手里挥舞着一张中队标识牌。她满脸通红，步履匆匆，一看就知道刚才肯定发生了不愉快的事。果不其然，只见她指着手中的标识牌对我们说道："你们看看，现在的孩子怎么了得！"不得其中意思的我们纷纷奔至她跟前，一睹这张藏着秘密的标识牌。

这张标识牌，正面看，非常正常，和其他标识牌无二，红艳艳的两道杠摆在标识牌的正中央，庄重、严肃。反过来，发现秘密在背面，上面贴着一张纸条，纸条上用钢笔写着几句话。这是什么样的话呢？我实在不好实打实地原版载入，大致意思就是描述某个人的某些敏感器官的特征。

本来安静的办公室一下子就像炸了锅似的，老师们自发地就这个问题展开了讨论。有的说孩子写出这么龌龊的话语，一定与家长在孩子面前的不注意有关；有的说现在的孩子早熟，电影、电视和大街小巷的宣传广告无时无刻不在给孩子们输送有关性的信息，孩子即便自学也能"成才"，一时间人声鼎沸。大家都是老师，话题自然而然就转移到如何对此现象进行纠正，怎么样才能使学生正确地看待这个问题。

或许是因为我年龄偏大，见到类似的问题多一些的缘故，几个老师都问我，面对这个问题，我们该如何和学生交流沟通，通过深入浅出的讲解让孩子明白生长变化是人一生必须经历的过程，不要因此觉得大惊小怪。

我苦苦地思索，突然想起曾经看过的一篇文章，说一位农大教授为了帮助一位沉湎于恋爱无心读书的爱徒，将孩子带到一棵结满果实的树旁边，指着这棵树问学生：为什么这棵树上结的果实很小？学生不假思索地回答，这棵树才栽了两三年，还很矮，营养不够，当然结的果实会很小。老师看着学生，良久，幽幽地吐出了一句话："人和树一样的道理！"聪明的爱徒马上明白了老师意味深长的话语，从此发奋学习，长成了一棵参天的"大树"。

我说，我们何不以植物的生长变化为导向，从科学的角度给孩子们讲一讲人的生理变化过程呢？或许通过我们这么一讲解，孩子们就不再对自己和他人的变化感到好奇了，这些莫名其妙的纸条也许从此就消失了。

老师们都说这个主意不错，并且都一致决定，今天下午正好有班队会，我们正好可以利用这个难得的机会给大家普及一下有关生理发育的知识，让每个孩子从今天开始，都用平行的、正视的目光看待我们周围的同学。

说干就干，班队会的题目，我们统一为"我是一棵树"。

不久，走进教室，我一瞅，发现几个孩子卖力地写着题目，男孩女孩，讲台上一大群。教室后面，几个孩子在高兴地谈论着什么，完全忘了自己是男孩还是女孩，热热闹闹地讲着，毫无顾忌地开怀大笑。看着我来，两个孩子指着黑板上的题目好奇地问我："老师，这题目什么意思？我是一棵树？我不是一棵树呀！你是不是要给我们讲故事？"问题就像温泉里冒出的气泡，一个接一个。

刚一上课，几个孩子迫不及待地举手质疑题目："老师，这是拟人句吧？""老师，这个题目为什么这么奇怪呢？""老师，这节班会的主题是不是弄错了？"我呵呵一笑，反问孩子："你愿做一棵树吗？"听到这话的所有孩子竟齐声说："不愿意！"我知道，他们想告诉我他们和我一样是人，是活生生的人，不是什么树，尽管树挺受人欢迎的。

"有没有人了解一棵树的生长过程？"我问道。

高高举起的手，挺起的胸脯示意内心的信心满满。我随便指了一个孩子。孩子声如洪钟，朗朗说道："树嘛，先是一颗种子，然后在泥土里生根、发芽，慢慢长高，长高了就要开花，还要结果。"

"有的树不结果。"一个孩子在底下分辩。

"所有的树都要结果，只是有的树结果我们没有发现而已。"另一个孩子接过了话头。

一直这样争论下去，恐怕我的班会计划就泡汤了。我赶紧抢过话柄："对，基本上树木的生长过程就是按照生根、发芽、开花、结果这么几个步骤进行的。你们知道结果的目的是什么吗？"

这个问题很简单。孩子们纷纷大声说道："有果实就可以继续种小树呀！""哎呀，结果不就是为了繁殖嘛？"果实可以给我们提供水果呀！"……这些回答引来了一阵哄堂大笑，气氛很热烈。

"那你们有没有想过，我们人的生长过程和树木的生长是否有着共同的地方呢？"

可能是孩子们很少想到这二者之间的联系。听我这么一说，教室里叽叽喳喳议论开了。

请一个孩子站起来谈谈。他说，听老师这么一说，仔细一思考，其实发现人和树之间真还有点像：人也是慢慢从婴儿长大，长成儿童，也要谈恋爱、结婚，最后慢慢地变老、死掉。树也要先发芽，再慢慢长大长高，接下来才是开花、结果。

于是我告诉孩子，其实人的成长和树木等植物、和小猫小狗等动物的生长过程是一样的。只是我们把自己开花结果称作"恋爱、结婚、生子"，动植物的这些现象我们不这样叫。

一个女孩子马上站起来告诉我们，说他们家的猫咪前一段时间都还很正常，有一天晚上出去了，一夜都没有回家，隔了十几天，妈妈居然说猫咪怀孕了，大家都将信将疑。前天她放学回家，妈妈告诉她猫咪当妈妈了。

孩子认真的发言引来全班同学哈哈大笑。这孩子一本正经地驳斥大家，说那天晚上猫咪没有回家，肯定是和它的男朋友在一起。

听她这么一理论，我倒是觉得我今天这堂课选择的时机还真不错。

另一个孩子等不及插嘴说道："我妈妈都怀孕了。"

"你怎么知道？"我追问。

"我妈妈告诉我的，她说已经怀孕二十周了。"天，时间的用法真是专业地道，都是以周作为计量单位！

"如果从妈妈怀我们开始，我们了解自己的生长发育过程么？"这个问题是今天这节课的重点。

问到自己身上，几个大一点儿的女孩子不好意思地闭口不言了，似乎察觉到了我今天准备和大家谈话的核心。小家伙们懵懂不知该说什么，你看看我，我看看你，然后齐刷刷地把目光投向我。

"我很高兴刚才大家聊了这么多内容，可是我们作为人，一定是要了解自己的，否则我们岂不是傻傻地活着？更何况生活在当今科技如此发达的年代，更要对自己的生长发育有清醒的认识，我们才能够活得更明白、更科学！孩子们，你们对自己和身旁的人的身体有哪些困惑和问题？只要我们科学正确地理解，我相信今天我们一定会有很大的收获。"

一个孩子问："为什么爸爸妈妈结婚之后就有了我？"话音刚落，一个女孩子就站起来，声音洪亮地答道："这个嘛，我早就知道，这是因为妈妈和爸爸结婚之后，妈妈肚子里有卵，爸爸的肚子里有精子，精子很多，所以最先跑到卵子里去的这个精子就和卵子结合在一起，形成了受精卵。于是在妈妈的肚子里就有了我们。"

孩子说到这里，我马上为孩子们补充有关妈妈肚子里子宫的问题。我请孩子们读一读"子宫"这个词语，想一想意思。孩子们说子宫就是孩子的宫殿。我肯定了他们的说法，又接着往下讲："子宫就是妈妈肚子里专门用来供胎儿生活的。如果妈妈的子宫里没有胎儿，每一个月子宫会产生一个卵子，这个卵子就会在成熟之后随着脱落的子宫壁流出体外，就是妈妈每个月的特殊日子，这个特殊日子我们书面语言称之为'例假'。如果妈妈过度劳累，这几天再失血，身体就会很难受。所以我建议大家在这几天多为妈妈做些事，减轻她们的负担。"

一个孩子问："是不是只有妈妈们才会出现这种情况？"

我马上讲道："女孩子们一般在十一二岁来例假，表明身体开始了第二次发育。这时候女孩子不仅身高快速拔高，而且胸部也开始发育，逐渐长成姑娘的样子。和过去比较起来，现在孩子的发育提前了两三年，这和我们现在生活水平不断提高，以及激素的普遍使用分不开。"

男孩子们用奇怪的眼神看着女孩子们。我话锋一转，接着说道："男孩子们也会有第二次发育，这时候男孩子会长出胡须、喉结，而且身体也会急剧长高，并且比小时候魁梧许多。"听到这里，男孩女孩都嗤嗤地笑起来。

"随着年龄的增长，男孩女孩到了十六七岁，就已经长得和成年人差不多一个模样了。再往大里长，就是二十多岁，你们可能就会恋爱了，慢慢地，就要结婚了，然后就有孩子了，你们就成了孩子们的爸爸妈妈了……"孩子们睁大了眼睛，有些不敢相信。我含笑郑重地点了点头。

…………

有关人的生理发育过程，就这样，我和孩子们本着科学的态度，很认真地学习了整整一节课。课后，几个孩子围着我，问我一些或许在他人看来不敢想象的问题，可是我们居然能够很大方很自然地聊，那感觉真不错！

回到办公室，老师们又不约而同地一起反馈起了课堂效果。大家都说简直没有想到青春期教育还可以这样谈，这样沟通，也没有想到孩子们的参与性竟然如此之高，男孩子女孩子都踊跃举手，积极讨论。一节课下来，老师们知道了孩子关注的话题方向，而且老师和孩子一样，都从中学到了许多新知识。

原来那个叫作郭初阳的老师说的话没有错：不管什么年龄的孩子，不管男还是女，我们都可以就性教育与孩子坦诚相见。

## 找到快乐

那天中午，我和孩子们一起在教室里静静地吃午餐。一个孩子走过来，盛情地邀请我吃一块他从家里带来的杧果。杧果很甜。我真诚地感谢他。

毛毛跑过来，哀求这个孩子："给我吃一块吧。"男孩迟疑片刻，递给毛毛一根牙签，示意她自己挑一块。毛毛挑选了一块大的，高兴地塞进了嘴巴里，连连说："哇，好甜！"惹得一旁的孩子都围了过来。

不久我吃完饭回到教室，继续阅读我手中的书。我看见毛毛握着一个大苹果开心地啃着，就随口说了一句："毛毛，这么大个苹果为什么不切成一块一块吃呢？这样子大口地啃着可一点儿都没有淑女形象。"没想到毛毛的回答竟然让我大跌眼镜："这样子我就可以不用分给别的同学吃了。"

孩子一边啃着苹果一边与别的同学聊天去了。我望着她的背影，却再也静不下心来，眼前总晃动着毛毛得意地啃着大苹果的样子。幸亏别的孩子没有听见毛毛这样直爽的回答，否则不知道会引出怎样的轩然大波。

想起上个星期五下午，小黄和浩浩提醒同学们留下来，没想到气急败坏的毛毛当着全班同学一边号啕一边申诉："你们当然不着急咯。你们知不知道，我等会儿要去上奥数课。我的老师是全省有名的金牌教练。反正你们又不补课，就是补课，老师也没有我的老师好。你们都很讨厌！"这样的哭诉，不仅没有赢得大家的同情，倒是让一群孩子对她的嫌恶增加不少。不知道这个凭着一时心性乱发脾气的毛毛当时有没有发现自己的不妥之处？

毛毛是个直性子的孩子，她时常不分场合抱怨同学们的不理解。她曾在前几天的日记中这样写道："我觉得班上的同学都不喜欢我，他们讨厌我，说我老是喜欢哭，而且总是发脾气。我觉得自己现在在学习上很努力，也尽量控制少对同学发脾气，连爱哭的毛病我都在加油改正，为什么同学们还是不接纳我？……有时候我都不知道自己该怎么做，才能赢得大家的好感，现在我好害怕与同学相处。"是呀，她感受到了来自他人的不快，可这不快又是如何产生的呢？

看到毛毛这样随性地拿着大苹果满教室游走，想到她多次乱发脾气，我想答案已经不言而喻。

接下来我该怎么办？事情已经明白无误地摆在那里。我直接找到毛毛告诉她哪里错了，还是给她讲分享的好处？这些听得人耳朵生茧的老话题对毛毛这么冰雪聪明又无比老练的孩子有用吗？会不会我还没有开始话题，毛毛就一副乌云压顶的神情呢？掂量来掂量去，我觉得找个适当的机会让毛毛自个儿明白自己的症结才是上策。

没想到，两天过后，机会就来了。那天早上，班上一个孩子送给我一个橘子。孩子说他带了两个橘子到学校，其中一个是专门为我准备的。这个大大的橘子醒目地放在讲台上，像耀眼的太阳，黄澄澄的，极其诱人。午餐之后，我拿着橘子正准备掰开与同事们分吃，毛毛刚好趴在办公室的玻璃窗前看我。我们班的孩子最喜欢中午的时候来办公室，问我有什么需要帮忙，哪怕帮我接杯水都挺开心。我夸张地拿着橘子，分给每个老师一块，分到最后，我手中只剩下一小块。我很高兴地把这一小块塞进了嘴巴。吃完橘子，我故意咂吧着嘴，大声说："浩浩送的橘子真甜呀！"窗外的毛毛看到这里，从门口探进脑袋大声对我说："汪老师，你好大方哦！"我微微一笑，没说什么。

过了几天，我的生日到了。几个孩子问我最想要什么，我说我不想要什么东西，如果大家非要送我一点儿纪念品的话，那就送个笔记本吧。生日的早上，班上的端端专门花了十元钱拜托毛毛在商业街买了一个"迷你"糕点。这个糕点放在讲台上。我宣布，中午的时候大家分着吃。实话说，我还真不知道该怎么分这个糕点，因为它着实太小。

午餐之后，我请毛毛去办公室把糕点拿过来。我找来一把刀，准备分食糕点。面对这个极小的糕点，又有38个之多的人，毛毛说，老师，这个糕点分也没有办法分，你一个人吃就算了。我也有些踌躇，分吧，全班这么多人，每个人不够塞牙缝，不分吧，谁吃谁不吃，都是问题，不吃的人该怎么想呢。思来想去，我想到了一个好办法。我问毛毛，头一天是不是诚诚过生日，毛毛点头。跟我一天过生日的有西西，第三天还有璐璐。我说干脆我们把这个小糕点分给他们三个人。毛毛阻止，说这个蛋糕这么迷你，还是老师自己吃最好。我告诉她，好东西应该大家分享，即便最后什么也没吃到，看着别人吃也是很开心的事。

　　毛毛问，老师，那你呢？我说，我就不吃了，我是大人，我不用吃这个蛋糕，但是你们这么爱老师，老师已经非常知足了。毛毛听了，抱着我的肩膀，大声说："老师，你真好！"

　　后来，我和毛毛一起把糕点分成了四份，除了西西、璐璐和诚诚，还专门送了一份给端端。端端又邀请毛毛和她一起吃。

　　这件事过去了一周多，前两天我发现毛毛的抽屉里有两个塑料盒，盒子里还剩有几支牙签。我问她同桌。同桌说这是毛毛装水果的盒子，忘记带回家了。他说现在毛毛也会请他一起吃水果了。我听了，一笑，转身走了。

# 没有结局

　　每天早上到学校，我首先要进教室去看看孩子们，看看我们的教室。不知为什么，尽管才过了短短的几个小时，教室还是那个教室，似乎却有着莫名的吸引力。无论怎样，我要去教室看看孩子们，与他们打个招呼，才能开始这崭新的一天。

　　去教室的路上，要经过一段"L"形的走廊，我们三班的教室在走廊的拐角附近。刚进楼道，就碰见我们班的三个孩子，于是一边走一边闲聊。一脚跨进教室，发现孩子们都在干着各自的事情：交作业的，翻书包的，聊天的……我喜欢看到孩子们这样的情形，谁说到学校一定要马上拿出课本来读，讲讲见闻说说话也是很有必要的，不然如果有什么新奇的发现，只有等到在40分钟的课堂内才能容纳，反而得不偿失。

　　与孩子们打过招呼，从教室的前门出来去办公室。咦，宇宇怎么站在走廊拐角的玻璃幕墙前呢？我赶紧走过去，拍拍他的肩膀。他竟然没有反应！不对吧，难道发生了什么事情？我赶紧知趣地收回了手，轻轻问他："孩子，你怎么啦？"孩子望向远方的目光并没有因为我的问话收回来，脚尖在地上漫无目的地画着什么，仍旧一个字的回应都没有。

　　孩子一定有什么心事，一定发生了让他特别不能接受的事情。到底是什么事呢？在家里被爸爸妈妈骂了吗？最近两次的奥数考试孩子的确没有发挥好，但是这也不是发生在昨天的事呀。语文，完全没有问题呀，他上课挺认真的，作业完成得也不错。难道是别的老师告他的状了？不会吧。现在已经是小升初的关键时刻，再过一个星期就是我们学校直升初中的考试了，哪个科任老师还管别的事呢？那到底是什么呢？不会是和同桌发生矛盾了吧？可是这大清早的，他的同桌会给他什么委屈让他难受呢？

我脑子里胡乱地设想着各种可能，手中的工作却没有因此而停止下来，把办公桌收拾整齐，需要的作业本摆放在显眼位置，以便课代表等一会儿来抱走。第二节才是我的语文课，需要做的课前准备就绪，我便信步往教室的方向走去。宇宇应该回教室了吧？我要不要找他了解了解情况？他需要我的帮助吗？六年级的孩子毕竟12岁了，有时候老师插一脚进去，反而是帮了倒忙，也容易引起学生反感。这样的事例不在少数。我正琢磨着，一看，天，这家伙还站在那里，而且还背着鼓鼓囊囊的大书包。刚才我怎么没注意到他的书包呢？

"宇宇，现在回教室好不好？"我尽量把声音放轻放低。他摇摇头，眼望着不远处的建筑。不知道他心里在想些什么。

"你能告诉我发生了什么事吗？"我问道，"也许我能帮助你。"他还是摇摇头，连看我一眼的心情都没有。

我突然觉得自己黔驴技穷，什么办法也没有了。顺着孩子的目光看着窗外雾蒙蒙的天空，本来大好的心情也变得有些沉重。我的孩子，你到底怎么啦？

收回目光，我再次将视线放在他的脸上。那是一张面无表情的幼稚的脸庞，一切的喜乐此刻都被他收藏了起来，只有背上鼓鼓的书包，似乎在诉说着什么。我灵机一动，恳切地对他说："要不然让老师先把书包给你放进教室好不好？不然，来来往往的老师和同学看着你背着书包站在这儿，不明真相的人会认为你是被老师赶出了教室呢！那对你的影响多不好呀。"一边说着我一边伸手将他背上的书包取了下来。我相信，没有一个大孩子不在意自己的形象的。

离开他之前，我悄悄在他耳旁对他说，无论遇到什么事情，都一定不要太难过，如果不愿告诉老师这个秘密，自己有能力解决，请想好了之后赶紧回教室来，不要耽误上课。如果觉得这件事自己处理起来很困难，请一定别忘了还有老师和同学以及父母，我们都非常乐意帮助你。如果你觉得老师还值得信任，能够帮你保守秘密，等你想通了之后可以来告诉老师。

拎着孩子的大书包从教室的后面进去到他的位子上，他的同桌很焦急地问我："老师，宇宇在哪儿啦？他怎么啦？""没什么，他心情不太好，想在外面静一静。"

待我第一节课期间再去宇宇待的地方，我发现宇宇已经不在原地了。真是一个懂得轻重缓急的孩子，我心里默默地想。

第一节课的下课铃响起，我迫不及待地抓起课本往教室走去。宇宇现在好些了吗？远远地，我看到他站在自己座位旁的窗户边，看着窗外，一脸凝重。我不敢打扰他，只是远远地看着他，我相信他一定能够凭借自己的力量从阴霾中走出来。我相信他是一个能够战胜困难的孩子。也许，我什么都不需要做，只需注视着他即可。

语文课上，我们一起讨论张抗抗老师的文章《城市的标识》中的一个关键问题：为什么国内城市越来越雷同，完全失去个性？孩子们通过集体讨论交流，发现国内城市出现这个现象的原因来自多方面，比如人们对高质量生活的渴求使得以前的低矮的破房子不能满足人们愿望，政府希望通过最少的投入得到最大的回报，过去的平房占地面积太大，已经无法满足越来越多的外地人，特别是很多通过读书实现角色转换的农村人的需求，等等。宇宇在发言中谈道，他爸爸曾经和他谈起，现在政府一般都不愿意投入太大，在他们心目中，土地就是金钱，现在大家都在拼命买房，只要房子修出来就可以赚钱，何必还花大力气去设计呢，那样多不划算。我向他投去鼓励的眼神，欣喜地发现此刻他眉宇间的凝重表情已经渐渐散去。

下午放学之后，我正在埋头批改作业，宇宇来了，背着他的书包。他看了我一眼，笑了，对我说："老师，我已经想通了，没事了！"

"真的没事了？"我相信那一瞬间我的声音一定有些异样，好几个老师都诧异地抬头看了看我。

"没事了，本来嘛，同学之间总有产生误会的时候，只要我们之间把误会解释清楚就对了。"停了好一会儿，孩子接着说，"嘿嘿……早上让你担心了……老师，我对不起你。"

也不知为什么，我竟感觉到内心最深处被拨动了一下，有些怪怪地对他说道："嗯，这就好！"

孩子背着书包走了，我却陷入了深深的沉思……

## 对谁有伤害

下午第二节课后，我拿上书准备去教室。还没出办公室，几个孩子已经挤进来了。他们闹嚷嚷地对我说："汪老师，他们四个人来了没有？"

"谁呀？到我这儿干什么？"我被他们问得一头雾水，找不着北。

"难道他们没有来吗？一上课美术老师就给他们说了，要他们四个人到你这儿来把事情说清楚，否则下节美术课不能上。"

"到底是哪四个人？"

"浩浩、非非、舟舟，还有鹤鹤。"

"他们啥时候没有上美术课？"我有些不大明白，今天才星期二，而且刚才这一节是本周的第一节美术课。听说他们四个人都上了课，那这逃课是什么时候的事情？

"上周五下午。"孩子们争先恐后地向我报告。我们班的孩子碰到我，都忍不住向我打探这四个同学是否已经向我"招供"，看来这事影响面挺广。六年级的孩子不比低段的小孩，他们有知情权，如果处理不好，也易导致其他孩子效仿。

周五下午第二节课是美术课。老师们都知道，临近周末，孩子们很容易松懈。加之我们学校是走读、住读混在一起的大学校，住校孩子的放学时间正是走读孩子上下午第二节课的时间。这时候老师和学生都身心疲惫，人心涣散，早已无心上课。如果老师不用心吸引孩子的注意力，孩子就可能身在曹营心在汉。是不是这四个孩子也是出于这样的原因？尽管具体情况还不清楚，我还是向大家表态，一定尽快找他们把事情的真相弄明白。

走进教室，我站上讲台，在高处一寸一寸地搜寻这几个孩子的身影。遗憾，一个也没有见着。他们是不是知道自己做了不该做的事，故意躲着我？

过了几分钟，鹤鹤从教室后门悄无声息地回到了座位上。眼尖的同学一看到他，忍不住大声叫"鹤鹤，老师找你"，急性子的家伙已经冲到他面前，拽着他的手过来。看来大家都很关注我怎么处理这件事。鹤鹤低垂着脑袋站到我跟前，看着面前的讲桌，有意避开我的视线。看来他也明白大家的意思。

待四个孩子都到齐了，我把他们叫到了走廊上。我什么都还没有说，四个孩子已自动并排站在墙边，非非不停地扭动着身躯，舟舟不安地用脚尖划着地面，鹤鹤目光散淡，看上去似乎有些郁闷，只有一向话多的浩浩仰着头目视着我。

我问他们："大家都问我你们的事情解决了没有，可是我连发生了什么事都不知道。能不能告诉我，你们之间到底发生了什么事？"

四个孩子都不吭声。我看着一向话多的浩浩，希望他可以告诉我他们之间的秘密。

浩浩仰着头望着我，没有说话。

舟舟是个老实的孩子，我将目光转向了他。

舟舟说："我看到非非背着书包往堂正楼那边去。我问他去干什么。他说不想上美术课，准备去一年级教室（住校生提前放学）做家庭作业。他喊我跟他一起去。我就去了。"

"真的在那儿做家庭作业？"凭着我对非非的了解，他们是不可能在周五的下午在别人教室里静静做家庭作业的。

"后来，后来我们打乒乓球了。"舟舟补充道。

非非瞪了舟舟一样，什么也没说。我问非非，舟舟所说的是否属实。非非极不情愿地点了点头。

尽管这两个孩子都非常喜欢打乒乓球，逃课打球却有些不应该了。任何学校都不会允许小孩在老师不知情的情况下悄然离开。一旦孩子因此出了安全事故，学校和老师都有责任，更重要的是，孩子也会为此付出极大的代价。学生安全永远是学校老师的第一要务。了解孩子的去向和逃课原因对于班主任来说尤其重要，它可以帮助班主任及时掌握小孩最新动向。

剩下的两个孩子又为什么逃课？浩浩见我看着他，马上接口说："那天我拿着美术书准备往美术教室去上课，结果在走廊上就看到鹤鹤在追航航。"他转过身瞥了一眼鹤鹤，"我就问鹤鹤在干什么。鹤鹤说航航借了他的钱，还没有还。航航大声说，'要还钱，就必须现在追到我'。我看他们朝楼下跑去，我也跟着跑过去了……"

"接下来呢？"

"接下来他们就跑到操场去了。"浩浩眨巴着眼睛，补充说，"航航跑得飞快，鹤鹤根本追不到他。我就去帮鹤鹤抓航航。结果航航跑到学校前门去了。"

"你们没有听到拉铃的声音？"

"我们跑了很长时间，不晓得铃声响没响。因为……因为……鹤鹤抓到航航以后，航航又挣脱了，追了好久，才把航航抓到了。航航又说没带钱，把鹤鹤气哭了。"浩浩说完，看了一眼鹤鹤。

"后来还了钱没有呢？"我转身问一直不说话的鹤鹤。

鹤鹤摇摇头。浩浩急不可待地回应："借钱的时候航航说借20元，还25元，有5元钱是利息。航航说他妈妈最近没给他零花钱，他的压岁钱又被妈妈收了，就没钱还鹤鹤了。"

孩子之间借钱是常事。关于他们之间支付利息的现象，我既不干涉也不制止。这就像成人之间的借贷关系一样，只要双方觉得合理就行。这是他们之间的协议，与老师要处理的事情无关。

鹤鹤在一旁嘀咕说，以后坚决不借钱给航航。借钱倒是很快，但是让他还钱痛苦得很。这家伙经常不守信用，更不要说给利息了。

对于鹤鹤的抱怨我也不想多做评判。同学的个性品质，相信他们比我更了解。如果不是想着对方多付自己利息，我猜没有人愿意把钱借给不守信用的人。既然自己想占便宜，那肯定是要冒一些风险的。现在上一两次当，以后就知道不能总想着占他人便宜，否则吃亏上当就是必然。今天的教训是值得的，而且是有必要的。

事情的前因后果我基本摸清楚了，接下来该干什么，是把他们狠狠地戗一顿还是劈头盖脸一阵乱发脾气？我猜孩子们此刻应该都在向上帝祈祷：老师，你快点训斥我们吧，你火山爆发完了我们就解放了。哪次犯了错误大人不是这样随性处理？

我也一定要这样做吗？怒火发泄之后效果会如何，是老师垂头丧气地坐在办公室长吁短叹，还是孩子们欢呼雀跃终于完事？不行，我不能这样盲目地、粗暴地解决问题。让孩子们利用这个机会认识到逃课对他们自身造成的不良影响，才不负这次错误的发生。

于是，我问了一个他们烂熟于心的问题："逃课之后，你们认为对谁伤害最大？"

问题都没有来得及过脑子，他们马上应道："对我们班伤害最大。因为我们给班上抹黑了。"这答案怎么这么熟悉，像极了几十年前我们的老师教导我们时说的话。看来这个答案已经成了万金油，哪里疼就往哪里抹，成了孩子们认识错误的挡箭牌了。

我摇摇头，否定了他们的说法。

"对你的伤害最大，因为你是我们的班主任。他们会看不起你，觉得我们给你丢脸了。"

我还是摇头："你们想想，我只是你们的班主任，并没有挑唆你们逃课，更没有鼓励你们逃课。这件事应该不会对我造成不良影响。"

孩子们挠挠脑袋，实在有些不知所措。

"你们再想想。"我希望通过这件事，让他们知道做不该做的事之前，好好衡量一下利弊得失。

浩浩思维比另外三个人快半拍。"好像对我们自己也不太好。"

"为什么对自己不太好呢？"我鼓励他们继续朝着这个问题深究下去。

非非小声地嘀咕道："别人肯定会看不起我们。说我们不遵守学校纪律，还影响课堂纪律……"

"别人是指哪些人？"

"别人……别人应该有老师、同学……还有家长……"浩浩眨巴着眼睛说道。

"你们最在意自己在哪些人心目中的形象？"

"肯定是同学啊。"舟舟想都没想，马上接上了话题。

"是呀，面对逃课，同学们会怎么评价你们呢？"这个年龄的小男孩小女孩，非常看重自己在他人心目中的形象。

久不说话的鹤鹤终于开口了："他们会觉得我们很烦，觉得我们是不遵守纪律的坏孩子，不愿意和我们一起玩，也肯定不愿意跟我们做朋友。你想嘛，哪个好学生会逃课嘛。"

"看来你很在乎你在别人心目中的形象咯？"

"我当然在乎自己的形象。"鹤鹤不假思索地答道。

"现在你们自己毁了自己的形象。接下来怎么办？"虽然我心中有主意，可是我不想抛出来。我觉得既然错误是孩子自己犯的，还得他们自己想办法解决，否则他们以后犯了错误，仍旧不知道该如何去善后。

非非思忖片刻，想到一个办法："要不我们找老师赔礼道歉？"

舟舟说："我们写份检讨？"其他人都没有答话。看来提笔写字大家都不愿意。我也不想他们把时间耗在写检讨这种无聊的举动中。

"你们都愿意向老师承认错误？"我转身问其他三人，他们都点头。"那好，明天找个合适的时间去向吴老师承认错误吧。"

"我觉得现在去更好一些。早点承认了错误，心里面舒服一点儿。"鹤鹤急急地说道。

"那去吧。"四个孩子你瞅瞅我，我瞅瞅你，一溜烟儿地跑了。

不久四个孩子陆续回来了。满头大汗的他们跑过来对我说，美术老师原谅他们了。我问他们以后还要不要逃课，他们都说再也不想逃课了，逃课太丢脸了。

我笑笑，没有说话……

# 紧握他的手

不是每一颗种子都能在同一个时间发芽，不是每一颗星星都同时闪耀着光芒。那些沉默的、开朗的、温柔的、粉红的脸蛋让这间明亮的教室多了一些别样的景致。如果有可能，在我的有生之年，我希望，自己能永葆赤子之心，做孩子永远的朋友，听从内心的召唤，把沉睡的心灵一一唤醒。

## 等待的力量

### 1

下午的作业辅导时间，我站在讲台上，等着孩子们把改好听写词语的本子和错题集交到我手中，好依次检查。现在还剩五个孩子没有把本子交上来，我闭着眼睛都知道肯定是这几个人：飞飞、陈陈、翔翔、冉冉和航航。

飞飞，不用说，不等到所有同学离开教室，他是改不完的，即便只有三五个词语，他也可以磨叽老半天。航航呢，听他的同桌然然说，他把"如日中天"写成了"如日终天"，然然给他指出来请他重写一遍，他死活不同意，现在正愤愤不平地发脾气呢。当然，然然又不得不监督着他改错，否则同桌出错她也要负相应的责任。在我们班，凡是语文作业改错之后都必须先交给同桌检查签字，如果同桌检查签字之后老师仍发现有错，那么改错者与检查者都要重新改错，所以然然出于对自己负责的态度，强迫航航改错也在情理之中。陈陈嘛，错得有点多，加上有的词语要翻书寻找，速度慢点我能理解。翔翔近段时间小有进步，不过生字词始终不过关，所以改错的时间相对有些长，我不催他，他现在懂得了时间的重要性，一旦外公等在门外，他就要挨批评了。他说过，他现在不敢不做语文作业，因为汪老师是一个不放手的老师，不管什么作业，不管谁的作业，汪老师都要一查到底，要想偷懒不容易。呵呵，没想到孩子总结得挺到位的，这也算是我的一大特点吧。至于冉冉吧，我不着急，最近一段时间，我明显地感觉到他有努力向上的愿望，不仅听写的错误少了些，书写、日记都较过去有了很大的变化：书写工整了、漂亮了，日记变长了，内容充实了，让我看到了他实实在在的进步。

时间一分一秒地过去，翔翔的听写本交上来了，陈陈的也是。我握着红笔，将他们改错的地方画上记号，表示我已经看过、检查过。冉冉来了，捏着听写本和错题集走上了讲台，一声不吭，把本子递到我眼前。关于改错，我要求很严格，不仅要将错误改一遍，而且必须要誊抄在错题集上。没有办法，遗忘是大多数人的识记特点，将易错的内容记在错题集上，便于及时复习和巩固。

我瞟了一眼孩子的改错，咦！这书写怎么这么漂亮？这真是冉冉写的么？我有些不敢相信自己的眼睛，再定睛一看，天，真是他的改错！我转身盯了他一眼，再次集中注意力看着这几排书写，我不敢相信自己的眼睛，这字实在是——太漂亮了，太工整了！横平竖直，一笔一画，像极了我们班帆帆的书写：卷面干净，字迹娟秀，大小一致，每个字都散放着淡淡的书卷气。这不是我夸张，帆帆的书写就像印刷的一般，个个工整如一，这是全班同学都公认的。而今我看着手中的这个听写本，嗯，它不是帆帆的，是冉冉的！对，就是冉冉的！

我不愿克制心里的激动，挥舞着手中的本子对着孩子们就喊了起来："冉冉，这真是你写的么，哇，这字实在太漂亮了！"孩子们听到我兴奋的喊声，都好奇地跑上讲台，踮着脚尖、伸长脖子要一睹这字的风采。我怎么能放过赞美冉冉的机会呢，毫不犹豫地把冉冉写的这几排字在每一个前来参观的孩子眼前晃一圈，还不停地追问："你看是不是真的漂亮？"孩子们一边看着一边啧啧赞叹，把旁边的冉冉美得说不出话来。我了解他，别看他此刻一个字都没有说，心里的那个美呀——早就开了花了！

几个调皮的孩子也跑上来，要亲眼看看冉冉的最新作品。一个孩子说："这个字真的很好看，我要去试一试。"另一个孩子说："我今晚也回家去练习练习。"梦梦凑近我的耳朵小声地告诉我："汪老师，看来我还要继续练字喔。"我微微一笑，没有应答。我相信，自觉的孩子更能从中寻到对应的感觉。呵呵，看来同学才是最好的榜样，老师怎么唠叨有时也不管用，同学之间一比较就把比拼的劲给激发出来了。我暗乐，不露声色。只要他们有动力就行，其他的我不奢求，慢慢来吧。一切，我都可以等待。

## 2

阶梯教室的主席台上，校长正在就最近发生在学校里的事情——陈述。提醒老师们要关注学生、注意安全，要利用一切可以利用的时间多多阅读，阅读总是好的，总是有用的，要抓紧时间培养学生的良好习惯，等等。我当然知道阅读的好处，也明白安全的重要性，完全清楚良好的习惯对学生的影响。可是时间呢，时间在哪里？每天忙到四脚翻飞，忙到昏天黑地，回家只想抱着枕头就睡，哪还有阅读的心情？安全和习惯就是老师头上的两把利剑，还用得着在集体会议上翻来覆去地叮嘱吗？在座的又不是第一天当老师。

算了，我还是干点别的事情。对了，我得把冉冉有进步这件事告诉给冉冉的妈妈，让她也能在忙碌的工作之余心里轻松片刻。于是我偷偷摸摸地拿出包里的手机，给冉冉的妈妈发去一条令人振奋的消息："冉冉妈妈，最近几天孩子可努力了。谢谢你对孩子的鼓励哦。"她立即就回过来一句话："谢谢老师，冉冉最喜欢汪老师的语文课。"读着这句话，想象着冉冉妈妈疲惫的神情中流露出的欣慰，我也忍不住笑了。

说起冉冉的妈妈，我在此不得不就他们的家庭啰唆几句。别看冉冉的妈妈是一位白领，我每次看到她，她总显得十分疲倦，脸色蜡黄，嘴唇无色，走起路来如弱柳扶风。她说她每天被无休止的工作纠缠，回家还要和儿子"斗争"。先生爱好广泛，从体育运动到游走四方，从养鹰运动到网络游戏，据说他都很在行。至于家务工作，却没有时间打理，更不要说管教儿子。爸爸信奉一句话——长大了就好了。他多次声明，在打小没有家长监督的情况下，他也非常茁壮地成长着，而且大学读的是有名的同济大学。对于儿子冉冉，他认为没有比任其自然发展更好的教育方式了。所以，尽管他天天在家，可是从未将监管孩子纳入他的工作范畴之内。曾经在全家人都不知情的时候，他独自一人远去他国参加全球养鹰协会的活动。

在爸爸的影响下，儿子当然愿意看看电视骑骑自行车，对学习极度厌烦。只要不读书，不做作业，不跑步，其他都是他的强项：捣鼓各种游戏，安装各类软件，拆装各型玩具，修理各类东西都很在行。因为在冉冉看来，这读书、写字是世上最无趣、最枯燥的工作。妈妈渴望爸爸能和自己一起参与到管理孩子的工作中来，经历了坐下来沟通、站起来争吵以及无数次的争论。斗争了多个回合之后，爸爸一如既往，不管任何事情。妈妈如一只斗败的母鸡，挓挲着羽毛，默默地肩负起了管理儿子的工作。

多少次，冉冉的妈妈坐在我面前默默流泪，她说想过离婚，想过自杀，甚至离家出走。儿子幼稚、单纯的表情像一根最为敏感的神经纠缠着她，多少次，一想到儿子，内心的母爱便使那颗坚硬的心变得柔软起来，这些伤身伤心的话题都被她生生地压了下去。

　　为了改变不爱学习的儿子，她阅读有关教育的书籍，和丈夫切磋讨论，向身边优秀的家长朋友请教，时常去听各类讲座，期盼某一天能找到适合她儿子的策略，能让她从痛苦的教育泥潭中解脱出来。当然，为此她经常得强压怒火面对儿子的"冷暴力不合作"，强作欢颜与儿子讨论学习计划，心平气和地劝说儿子先完成作业再玩耍，也多次采用物质奖励的方式希望唤醒儿子学习的欲望，拿出大奖准备重奖儿子的小小进步，总想着"重赏之下必有勇夫"。无奈事与愿违，心思不在学习上面的儿子不仅不理解她的苦心，还和她玩起了"警察抓小偷"的游戏。

　　冉冉的外婆退休前是一名小学数学老师，年近七旬。女儿一家的情况牵动着老人脆弱的神经。女婿的不闻不问让她气愤，外孙的无动于衷更让她郁闷，女儿憔悴的脸色又让她心疼不已。作为老人，女儿一家的问题她看在眼里，急在心里。可是外孙根本不把她的话放在心上，还嫌她唠叨、"out"了。为了能给女儿略微减轻心理上和身体上的负担，老人主动在星期一到星期五为女儿一家做饭，收拾家务。每次看到老人佝偻的身躯，我都忍不住在心里感慨："可怜天下父母心！"不懂事的外孙嫌外婆唠叨，常想出各种理由把外婆气回家。

　　一天早上，上第一节课的时候，忍无可忍的外婆找到我，倾诉内心的压抑：外孙昨晚不想做作业，和妈妈大吵大闹。女儿气极了，把孩子打了一顿，结果外孙在家里把书架上的摆件都给砸了。爸爸当作没看见，门一开，出去了。哎，看着这吵吵闹闹的一家子，自己老泪纵横。那天晚上，谁也不理谁，家里的气氛凝重到了快崩溃的地步。

　　我知道，这老人一向很重面子（他们家的人都是这样），不到万不得已的地步，老人家是不会这么心急火燎地来找老师的。涉及孩子家庭的内部矛盾，我这个班主任也无权去处理人家的家庭事务，除了安慰老人家，我无能为力。不过一个念头在我脑海闪现：为什么不可以把冉冉作为一个研究的对象，好好地研究一番呢，说不定还会有意外的收获呢！

## 3

　　既然要研究他，肯定先得和研究对象攀上关系才行。于是，有事无事我就和冉冉攀谈一会儿，常常天南海北地乱聊一通，从中了解他的爱好。我发现，这个孩子爱好广泛，汽车、旅游、网球运动、电子产品等，而且喜欢来点小小的炫耀。至于炫耀的心理，我相信每个人都有，作为暂时后进生，或许更渴望

从炫耀中获得尊严以及他人的认可，找到一些心理安慰。

为了能与冉冉有话可聊，让他接纳我，在接下来的一段日子，我开始上网浏览各类汽车网站，认识各种汽车标志，了解各类汽车的特点，什么最豪华的汽车呀、最贵的汽车呀、纯手工打造的顶级汽车呀，我都看，也到书店去租专门的汽车杂志阅读。幸亏我也比较喜欢旅游，也经常关注一些旅游线路，也走了一些地方，所以我自信和他在这方面还比较有共同语言。那一段时间，我有事没事就找冉冉聊天、吹牛，天南海北，天上地下，想到什么讲什么，反正不懂也没关系，我最常说的一句话就是"冉老师，我问你"，接着就和他乱侃。有时晚上回家查阅相关资料，第二天就跟他交流，这边学那边用，只要能和冉冉接上话头我就觉得很好。

有一次，我和他聊起了青海湖（之前我从他嘴里得知他们一家人暑假自驾去了青海湖）。他说，青海湖是他看到的最大的湖，而且湖里的水特别漂亮，他爸爸还把越野车开进湖里了。他说有一天他们找到当地人，还去吃了鳇鱼。我提醒他鳇鱼是当地的保护鱼类。他马上不好意思起来，赶紧表态不是自己要去吃，是爸爸非要吃不可。我问他在青海吃羊肉没有，结果他说那几天吃羊肉吃得嘴唇都起泡了，现在一提起又特别想吃。我也忍不住跟着他砸吧着嘴巴。然后我们一齐大笑起来。我发现，当我们聊着书本以外的东西时，他的双眼放光，因为自信和快乐变得神采飞扬。我望着他，觉得他是那么擅长表达，以前怎么就没有发现他有这个长处呢？

也不知怎么的，话题逐渐又转移到他们一家在昆明玩耍时遭遇到的麻烦事，妈妈的钱包在吃饭时被人偷了，身份证、银行卡和随身携带的钱都丢了，连手机也不知去向。祸不单行，爸爸驾驶着汽车在高速路上被其他车给撞了，好久好久都没有人来帮忙，他在炙热的太阳底下都睡着了……他说在外面玩耍挺不容易的。想象着精力过剩的他在路边无所事事的样子，我也很有同感地点头。我说，旅游途中本来就可能出现各种各样的问题，出问题也算旅游途中的一大风景。暑假来了，爸爸妈妈为了能让孩子走出家门见识外面的世界，专门请假陪孩子的是很少的。你是一个幸福的家伙。孩子呵呵地笑起来，露出两排洁白的牙齿。

过了差不多一个月的时间，我居然听他妈妈讲，他在家里宣布汪老师是他的好朋友，别的老师都不是。看来"聊天走近他"这一招还行。

# 4

我们班有规定，戴手表可以，但是不可以戴很高档的手表到学校，否则班干部和老师有权没收。现在的孩子大多没有收拾好物品的意识，一旦允许他们随便带东西到学校，一是容易弄丢，造成不必要的麻烦，二是易于养成互相攀比的不良风气，不利于孩子成长。

有一天，冉冉戴了一只多功能手表到学校来。早读刚结束，很多同学都跑到我这儿来告他的状，说他带奢侈品到学校，极力撺掇我和中队长没收冉冉的手表。更让人想不到的是好几个孩子说，冉冉说自己的手表有预报地震的能力，手表上显示下午四点钟成都将有六级左右的地震发生。我安慰大家不要怕，冉冉的手表不可能预报到地震。如果手表都能准确预报地震，那"5·12"大地震就不会死掉这么多人了，更何况还有国家地震预报中心呢。当然，真有地震的话，学校会考虑大家的安全及时撤离的。孩子们在我的安抚下静了下来。

接着我去找冉冉，希望他不要随便发布假消息，免得人心惶惶，同时尽快把手表收起来。待我找到他时，发现冉冉的周围已经围了一圈孩子，有的在欣赏这只手表，有的在打听这块手表从哪儿买来的，有些什么功能，还有的人说他压根儿是在吹牛，不可能有这么多功能。一个孩子看我来了，不服气地说，冉冉就戴了这么一块手表，就满世界炫耀，好烦哦！看来孩子们对冉冉的这种行为很不满，而且希望老师能够马上处理这事。

刚刚还在欣赏和打探消息的孩子们纷纷指着冉冉和他的手表要我看，冉冉更是把手表举到我的眼前晃了晃，眉飞色舞地大声说道："汪老师，你要不要看看这块手表，这是我爸爸在泰国买的，是多功能的哟！"我告诉他我有点事情要找他，便把他叫出了教室。

站在走廊上，我问他为什么要戴这块手表到学校来。他愣了一下，说："爸爸把这块手表送给我了，我就把它带来了。"再问他这块手表带到学校是否合适。他没有回答我的问题，只是说这块手表很好玩，有很多功能，可以测海拔高度、温度、气压、辨别方向，还能够预报地震发生的时间和地点。孩子一介绍起手表的功能，脸上的表情立即生动起来，忘了老师找他的原因。我告诉他，班上好几个孩子都到我这儿反映，说他上课就玩表，下课到处炫耀，不遵守班级的规章制度，要不先把手表放在老师这儿，等放学之后再把手表带回家。孩子沉默，双眼盯着我。我心一软，就提醒他先把手表收起来，不要到处

给人看；以后也不要再带到学校来，免得影响不好。

孩子点头离去，我也放下了这件事。我心里清楚，这是一件很小的事情。冉冉这么做，不外乎就是让大家知道他有这样一只多功能表，让大家羡慕一下，感受一下受人崇拜的感觉。而且由于家庭环境的影响，他心理年龄偏小，喜欢调皮捣蛋，和他讲大道理完全没作用。老师只需告诉他怎么做是正确的就行了，唠唠叨叨的大道理只会增加孩子的反感心理。

中午刚吃完午饭，璐璐就跑到我办公室要我的电话，说要给妈妈打电话，想请妈妈下午来接她。问原因，璐璐说冉冉到处说下午有地震，连别的班级的同学都听说了。我一听紧张了，这不是让全校同学都不得安宁么？

我赶紧找到冉冉，追问他是不是又拿着手表到处给人说有地震要发生。嘿，这家伙居然鼓着圆滚滚的腮帮子一脸严肃地对我说："汪老师，这手表上都显示了要地震的，我又没有乱说。你看嘛——"还拿出手表指给我看。天，看来我还得想办法说服他，否则这地震的传闻不知会在孩子们中间产生什么样的不良影响。

我问他，这手表上显示的信息准不准确，以前有没有检验过。孩子一脸茫然。我继续追问，冉冉摇了摇头。他说这手表爸爸还没有用过，本来爸爸也不想送给他，他天天缠着爸爸，吵得老爸不得安宁，最后老爸只好投降缴械。我说现在全世界最先进的仪器对地震的预报都还不准确。如果地震能够准确预报的话，汶川大地震来临之前人们就可以及时地把这个消息发布出来，地震就不会对人们造成这么大的伤害了。孩子听了我的话，憨憨地点了点头。我又提醒他，手表的地震预报本来不准，我们再把这不准的消息到处乱说，肯定会让大家都很紧张。一旦学校领导晓得是我们班的同学到处发布消息的话，肯定要找老师和学生去谈话，那样就很麻烦了。

冉冉一听，马上表态："汪老师，我把手表放在我的裤子包包里，再也不拿出来，可以不？"一边说一边忙不迭地把手表放进裤兜里，还紧紧地捂着。看着孩子紧张的表情，我想离放学也快了，孩子也害怕失去心爱的手表，肯定不会再四处散播他的"最新发现"了。

结果真如我所想，一切安好。

## 5

有一阵子，我发现这孩子每天上学都迟到，短则几分钟，长的时候差不多二十来分钟，有时当他站在教室门口时，早读都快结束了。学校要求孩子们早上八点早读，可他到学校好几次都在八点半之后。他家就在学校背后的小区，从家到学校最多也就十分钟的路程。

有一天，我正在教室里组织同学们早读，突然发现冉冉背着书包站在教室的后门口不敢进来。走过去，正想问他为什么迟到，他嘴角沾满的面包屑和牛奶引起了我的兴趣。

我说："吃了早餐来的？"

孩子看着我，点点头。

"没有来得及把嘴巴擦一下？"

他又点了一下头，举起手背把嘴角两边使劲擦了擦，生怕还有残留，又擦了一遍。

"早上吃了面包喝了牛奶？"

他看了看我，面带惊异。

我郑重其事地说："嗯，早上一定要让自己吃饱，才有精力保证一天的学习，而且这样才不容易患上胃病。只是以后早上稍微起来早点，这样忙忙慌慌地吃了早饭就开跑，很容易把个气球一样的胃口袋给甩坏了，到时候可也是要患胃病的。"

冉冉点点头，向自己的座位走去。

第二天，冉冉又迟到了，迟到时间超过三十分钟。看到他时，我们刚从操场做完早操回来。他耷拉着脑袋，背着大书包，圆胖的脸上一双大眼睛却时不时地瞥我一眼。我拍拍他的肩膀，拥着他向教室走去。见我无语，冉冉马上解释，他昨天晚上拉肚子，一夜起来三四趟，结果早上睡过头了，没有吃东西便背起书包往学校跑。后来他妈妈打电话告诉我，昨晚冉冉吃得太多，把胃给吃坏了，害得一晚上一家人都没有休息好，如果冉冉在学校仍旧不舒服，麻烦老师给家长打个电话。我才知道，冉冉妈妈害怕儿子长得太胖（现在已经突破110斤大关，腿有点承受不了身体的重量），每天晚上都有意识地控制孩子的食量，多吃蔬菜少吃肉。结果昨天吃晚饭时妈妈没有回家，孩子使劲吃，把胃给撑出毛病来了。看来一味地控制饮食不是减肥的良方，时少时多很容易引出其他的问题来。特别是对于缺乏自控能力的孩子来说，控制饮食或许不如锻炼身体来得更有效果。

下课后我走近冉冉身旁，询问他的身体状况。孩子说还好，肚子不疼了。我又和他闲聊几句，问他是否喜欢锻炼。孩子坦言，最喜欢骑自行车，打网球一般，主要是爸爸强迫他练习，其他的就不喜欢。因为人长胖了，经常都出现生长性骨痛，所以最讨厌走路和跑步。我才明白，以前每次看到他背着书包一拐一拐地走着，慢慢吞吞的，总觉得别扭，原来是脚痛在作祟。难怪同学和体育老师都抱怨冉冉体育成绩糟糕。我们都认为是冉冉不喜欢运动，长胖了，身体的惰性更强了。没想到长胖导致的生长性骨痛让孩子走路都不舒服。这件事在后来一次我和他妈妈聊天的时候也得到了印证。

不过班上的孩子除了讨厌他体育项目差劲，还反感冉冉常常利用体育课老师不注意的时候悄悄干扰他人，转身给左边同学拍一下肩膀啦，把脚伸到前面同学的脚边勾一下他人啦，然后又一本正经地假装做自己的正事。如果别人没反应，他继续偷偷摸摸地施行恶作剧。他自作聪明地以为别人都没发现，玩得异常开心，殊不知早已被附近的同学尽收眼底。结果一来二去，所有的同学都不愿跟他玩，都觉得他很烦，很无聊。

正和冉冉闲聊的时候，他的同桌帆帆回到位置上看起书来。冉冉伸手翻看书的封面，对她说："等一会儿我把昨天你要的书给你，我昨天在家里找了好久才在书架的一个角落里找到的。"同学看了看他，说了声谢谢。我发现，他和同桌的关系挺好的。

我不禁疑惑：为什么一个大家都讨厌的孩子居然和同桌相处融洽呢？这其中是不是我们对他存在着认识上的偏差和误解呢？而且有那么一两个老师也不太喜欢冉冉，这不喜欢是不是也是因为冉冉搞小动作的原因？

## 6

年级组上活动，恰好遇到我们班的几个任课老师。大家不知不觉就把话题移到了冉冉的头上。

数学老师说，冉冉让她特别头疼，每次交作业，不管是家庭作业还是课堂作业，他从来都不按时交，天天都要人催，好不容易收到他的本子嘛，不是没有做完就是还来不及做，老师要求错误的地方必须改，可惜他就是不改。一问，永远都是那句话——我忘了。次次考试他不是倒数第一就是倒数第二，拖我们班的后腿。看来冉冉令数学老师伤脑筋。不知道在冉冉的心目中，数学老师又是什么样的形象。

计算机老师也向我投诉冉冉，动作慢，不听话，老是喜欢下座位，别的同学作业都做完了，他慢慢悠悠，不慌不忙，还说反正老师都不会批评他。计算机老师说起来表情还恨恨的。

计算机老师话还没有说完，美术老师就接上了："那个冉冉简直不得了，把人都给气死。每次美术课他都不带任何材料。你问他，他回回都说我忘了。以前我还提醒他，请他把要带的材料抄下来，后来就批评他，现在我也不提醒也不批评了，不管怎么都不管用，你说什么他都不听。上课的时候，他反正就是玩，一会儿戳一下这个，一会儿整一下那个，一节课下来只是把老师发的画纸揉得皱巴巴的。唉，这个孩子怎么这个样子……"美术老师恨铁不成钢的样子让我羞愧难当。作为与孩子相识四个年头的班主任，我竟然无力改变孩子的现状，这是多么令人沮丧的事呀。

不过体育老师倒是给了我一些安慰。他告诉我，冉冉虽然体育成绩糟糕，考查的科目（主要是跑步、跳绳之类的）基本上都不及格，可是孩子特别喜欢帮老师做事，特别喜欢为老师忙前忙后，而且再脏再累孩子都不反感。

体育老师的话马上引起我的共鸣：班上的桌椅板凳坏了，冉冉常常顾不上休息，一下课就投入到修修整整的工作之中，有时中午都不玩。只要有谁需要他，他一定很快乐地去帮助他人。我记得教室里凡是有关电视目录、搜索等问题，只要老师束手无策，他就急忙上台查看并试着解决；投影仪方面的所有问题，他基本上是手到擒来；教室门锁坏了，他想尽一切办法修理，邻班的老师需要帮助，他跑得比谁都快，比谁都激动。

## 7

是啊，从不同的角度观察冉冉，发现冉冉的确是个不太好给予评价的孩子。说他懒吧，也是，作业对他来说是痛苦的；说他勤快吧，也行，班上的大小事情他都乐于去完成；说他讨厌吧，大多数孩子都同意；说他乐于助人吧，好像也挺合适的。一个似乎简单却难以下结论的孩子。

令我苦恼的也在这里，为什么老师和孩子都只会看到他身上的不足之处？有没有可能老师为了自己的需求采用了单一的评价方式，从而导致孩子们也逐渐在心里接受并采纳了这样的评价结果？强大的老师群体单一的评价体系也许会从根本上改变学生们对这个孩子本来面目的认知？也许我应该改变我的工作方式，寻找最合适冉冉的方式帮助他树立自信心，让他和别的孩子一般都能看见天空的湛蓝、理想的真实。

我知道要让一个孩子拥有自信，就像让一个穷人兜里拥有鼓囊囊的人民币一样，得包里鼓鼓的说话才有底气。孩子必须得感受到老师给予的强大的支撑，他才能走出自卑的阴影以及抵挡他人冷漠的眼神传递过来的杀伤力。而且这种力量的传递必须恰到好处。自卑的孩子一般都较为敏感，这种敏感会直接导致他对老师的一颦一笑、一举一动都特别在意，同时赋予其特殊的含义。我不能无缘无故地表扬他、赞美他，也不能随随便便就让他莫名地欣喜，一切不真实、不地道的夸奖都像肥皂泡一般让人心里不踏实。我得寻到合适的机会，在他能够感受并且可以实实在在触摸到的情况下把自信的种子悄无声息地种进他的心田，还不能让他发现这是老师有意为之，否则他将远离我，甚至走向我的对立面。

于是就出现了前面的一幕，面对他端正整洁的书写，我在同学们面前大肆夸奖，而且不遗余力地赞美他。当然，根据我对冉冉的了解，我知道他会非常在意这次具有重大意义的表扬。对于他来说，我这说法一点儿都不夸张。

果不其然，孩子听到我这样大张旗鼓地表扬他，高兴得眼睛眯成了一道缝，就差笑出声了。这个单纯的孩子，除了玩耍、开心地玩耍，心里其实没有别的。要说他不愿努力的原因其实很简单，就是想无休止地玩下去，由着性子耍下去，仅此而已。至于作业，他并没有将其视为自己的主要任务，在他看来，上课是痛苦的，因为要坐在教室里；作业是痛苦的，因为得一笔一画地完成。他永远渴望着假期的到来。所以学习效果的好坏从来都没有成为他考虑的范畴。这也是造成他今天是暂时后进生的主要原因之一。

外因必须通过内因才能起作用。我决定，从现在开始，隔三岔五地表扬他，给他创造能够获得表扬的机会。我不相信，他真能在表扬面前无动于衷，始终不去尝试发展自己的潜能。

一天早上，孩子兴冲冲地告诉我，他制作的电子小报获得了成都市的特等奖，而且说这个等级的奖全市只有三个孩子得到。孩子一边大声说一边挥舞着胖胖的手，兴奋已经在他心里盛不下了。我决定抓住这个来之不易的机会。我大笑着，双手捂着他白胖的脸蛋，不相信地问道："真的吗？"孩子使劲点头，还叫我打电话问计算机何老师。我狠狠摇着他的脑袋回应："我相信你，小胖（我时常这么叫他），我说你很有才嘛！你还时常不相信汪老师的话。我看人一向是很准的！"

孩子快活地看着我，环顾四周，又看看我，屁颠颠地回自己的座位去了。

德育总结时间，我对全班同学宣布："冉冉同学获得了电子小报成都市特等奖，而且周末要在老师的带领下去领奖。让我们用最热烈的掌声祝贺他，同时给他的操行分加上十分。"尽管课间十分钟冉冉已经将这一消息散布开去，可我仍旧觉得我必须要正式地把这个消息再宣布一遍，我希望让冉冉和其他同学都知道，冉冉是一个优秀的孩子，我们都有要向冉冉学习的地方。汪老师看重冉冉和看重别的同学没有两样。

下课回办公室，我又将这一消息告诉了办公室的同事，还恳请老师们看到冉冉的时候向他表示祝贺。感谢办公室的同事们，他们真的这样做了。那一天，冉冉始终沉浸在成功的快乐之中，他的脸上始终洋溢着微笑，连走路都变成了快跑。连他周围的同学都说他对人说话都变得有趣起来、温和起来，再也不像平时动不动就大吼大叫。

数学老师留下了他，说他的数学作业没有做完。冉冉很诚恳地告诉张老师，他想放学之后留在教室里把作业补完了再回家。张老师不敢相信，我拉拉张老师的衣角。张老师马上表示同意。第二天张老师果然在讲台上拿到了冉冉补完的数学作业。为此，我再一次在班上表扬他，说他是一个守信用的孩子。从那以后，每当语文作业改错没有及时完成，作业还有些欠缺，我都告诉他不要太着急，可以放学留下来自己把该做的做完了再回家，而他基本照做了。

成绩差的孩子其实最大的问题就是自控能力差，只要周围稍有风吹草动，就会让这类孩子竖起耳朵来，左右寻找事故的来源。冉冉也不例外。不管是什么时候，不管是谁，只要有点动静，冉冉就会伸长脖子四处打探，生怕自己不在事情发生的中心地带。久而久之，孩子非常缺乏定力，听课做作业的效率极低。他的家人也谈到，除了喜欢捣鼓电子类东西，在其他任何事情上孩子都坐不住，仿佛椅子上有刺针。

基于这点，我觉得放学后的教室非常适合孩子补各种作业，而且我尽可能不让孩子在吵闹的环境中补各类作业。即便他补了应补的作业，喧闹也会抵消一切，补过的作业不会在他脑海里留下任何印象。与其得到这样的结果，不如让他在放学之后一个人静静地做事，效果还好一些。

## 8

慢慢地，冉冉也逐渐适应了一个人补作业的安静环境，他也不再为了急着回家而逃避责任了。不管老师开会还是到点下班，冉冉如果在教室补作业，只需要我提醒他一句，走的时候别忘了带上门，其他不用说，他自己知道。第二天，老师上讲台，就能看到他补好的作业端正地放在上面。

这，就是那个曾经完全管不住自己的冉冉。

# 沉默的石头

这是一块让我放心不下的"石头"——只要你稍微用心观察，你就能看到她，一个又瘦又高，皮肤微黑，紧绷着一张没有一点儿笑意的脸的小女孩。她坐在教室的第三排。

她叫珠珠，是我们班的清洁委员。

她几乎不会笑，哪怕是嘴角微微上扬一点儿。事实上，班上的孩子几乎都这样评价她：性格孤僻，脾气暴躁，动不动就哭鼻子，和同学相处困难，清洁管理很认真，但是处理事情简单粗暴，大家都不喜欢她。

你看到这里不免会产生疑惑：这样一个小孩，为何会成为班上的清洁委员呢？清洁委员每天干的不都是又脏又累的活吗？好多孩子可都不愿意担当这个职务呀！的确如此。我们这位清洁委员是在四年级的时候走马上任的。担任清洁委员之前她在班上什么工作都没有担任。为了帮助她，她的父母和我做了一次长谈，我建议她到班上竞选清洁委员——清洁管理这个工作最能锻炼人。竞选之前她一直打着退堂鼓，要不是妈妈爸爸在身后伸着双手使劲地推着她，并且在竞选之前不断给她打气，支持她，她肯定早就逃之夭夭了。

在父母的软硬兼施、老师的一再鼓励下，珠珠终于鼓起勇气站上了竞选讲台。虽然当时竞选清洁委员的孩子总共也就两名，而且录取的名额就是两个。宣读自荐书时，我看见她的两腿不停地颤抖着，捏在手中的那张纸被她抖得发出"刷刷"的声音，一张脸紧绷得僵直，眼睛眯缝，死盯着后面的黑板报。那紧张的神情我至今都忘不了。我无从知晓当时她是如何从自己的座位上站起来走上讲台的，也不知道她在心里给自己说了多少个"加油"才张开了口。对一个在课堂上从不说一句话的孩子来说，要站上讲台面对全班同学阐述自己的管理方法和措施，需要克服多么大的恐惧心理，不是当事者无从想象。因为我自己就是一个这样的人，至今都无法克服当众说话的紧张情绪。

她确实是一个很不一般的孩子。说她特别吧，并不准确。的确，表面上看，她与旁人并无两样，和普通的孩子一样也完成作业，听从老师的安排。说她普通吧，也不恰当，任何时候上任何一节课，她都始终保持缄默，如一块顽石，不管老师急切催促还是耐心等待，只要叫她回答问题，她都会垂着眼帘一声不吭地站着，等着，等着，一直等到老师失去耐心，无可奈何地请她坐下为止。哪怕老师一再承诺没有人会笑话她，没人会责怪她，告诉她说什么都没有关系，告诉她不用害怕，她却总是板着面孔，坚决不说一句话，不吐一个字。

更让我不放心的是课间十分钟，别的孩子都三三两两围在一起聊天、做游戏，她永远都坐自己的座位上或者远远地站着发呆，眼前的一切似乎都与她没有关系，脸上始终没有任何表情，像一块水泥板。于是，好事的孩子们给她取了很形象的绰号——沉默的石头。言外之意，说她像一块冰冷的石头，谁都捂不热。

一二年级的时候还好一点儿，起码老师找她聊天，她还搭一两句，有时也和同学开个玩笑，逗乐一下。现在可好，一个字都没有，挤不出一点儿笑容来。好长时间以来，我几乎没有看到她笑过，永远紧绷着的脸面无表情，以致有一段时间我都怀疑她会不会笑，更别说像一般的孩子灿然如花。至于她的学习成绩，猜也猜得到，徘徊在中等偏下。

刚开始，我还认为只是语文课上的问题，觉得是不是我在言语上或者神情上给孩子施加了压力，让孩子在课堂上害怕说错。后来我找其他老师和学生们了解，才发现这孩子在其他课上问题更严重，不仅不发言，老师点到她的名字，她连站都不站起来，只是木着个面孔远远地冷冷地瞅着大家。如果哪个同学抱怨一句，弄不好她就会大哭一场，或者如火山爆发一般突然大嚎，一节课就在她的号哭中泡汤。久而久之，所有的老师都对她敬而远之，视若无睹。

随着孩子们升入五年级，我发现，珠珠听课越来越吃力了，作业质量不断下降，稍微需要一点儿理解力的地方她都错得一塌糊涂。加上她怪异的脾气，欠下的账单越来越长，测验的成绩也越来越差。有一次她妈妈告诉我，孩子回家告诉她，说语文、数学都难得不行，现在一点儿上课的心情都没有。这可麻烦了，一二年级尽管她不怎么听课，也不发言，可是上学之前身为知识分子的母亲给她进行了大量的家庭辅导，使得她在学习上还较为得心应手，基本没什么心理压力。即便听课习惯不好（老在课桌下玩东西或者发呆走神），成绩也还行。随着年级的升高，学习内容越来越多，学习要求越来越高，过去存下的那点"余粮"早就入不敷出，课堂上也只剩下可怜的沉默来维护自己的尊严了。

如果现在我任她继续沉默下去，还不用到小学毕业，要不了一年，她的学习成绩可能就成为全班的最后者之一。更可怕的是随之而去的还有她拼命维护的尊严，那可怜的自尊已然无法保护她脆弱的尊严。一个成绩下降严重的孩子很容易形成自卑的心理，同时还会关上自由交流的心门。

我看在眼里，急在心里：用什么方法才能将孩子封闭的心给打开，让她紧闭的嘴能主动说话呢？我下决心要想尽一切办法来帮助她。

忙乱的期末考试结束了。七七八八的教师年终总结也随着年关的来临闭幕了。左邻右舍开始兴高采烈地准备年货，我一个人握着笔，呆坐在家里，在本子上胡乱地涂画着，试图通过回顾来寻找能够帮助孩子的突破口（我希望这个突破口既让孩子感受到老师的关注，同时又不让她觉得突兀）。琢磨良久，还是蚂蚁搬鸡蛋，无从下手。干脆，和她的妈妈聊一聊？知女莫如母，我一定能从妈妈口中找到我想要的第一手材料。

说干就干，我拨通了她妈妈的电话，告诉她我想就她女儿的情况和她聊一聊，希望时间稍微充裕些。孩子的妈妈特别配合，说择日不如撞日，当天下午就在小区附近的咖啡馆见面。

放下电话，我开始做准备，罗列出我想了解的方向和要点：家庭的组成，孩子过去的生活（特别是孩子幼年的生活环境），平时的作息安排，兴趣爱好，与人交往以及学习完成情况等。既然渴望找到线索，准备工作越仔细，聊天才能越深入，距离目标也更接近。

下午两点半，我们在咖啡馆准时见面。坐下来，我们迫不及待就孩子的话题开始了详细的分析，当然主讲人是妈妈，我坐在妈妈面前，静静地倾听。

妈妈从孩子生下来聊起，一直聊到现在。妈妈讲到，孩子刚生下来才两岁，她就只身一人来到成都。两岁的女儿舍不得妈妈离开，拉着妈妈的衣襟大哭。年轻的妈妈不愿意就这样一直无所事事地待在县城，还是趁孩子不注意横下一条心掰开了孩子白嫩的小手。妈妈说现在还清晰地记得孩子那一次撕心裂肺的哭声。说到这里，妈妈潸然泪下。

后来，妈妈每个月都会回老家一趟，不管刮风下雨，哪怕只有站票。我心里一惊，从成都到她老家，可是近三百公里的路程，在公共汽车上站五六个小时，没有顽强的意志力和坚定的信念可是做不到的。妈妈说，即便这样，她还是发现，每回家一次，她就感觉女儿和自己越来越生疏。差不多半年之后，女儿基本上就不认识她了，总把她叫姐姐。每次听到女儿奶声奶气的喊叫，她都心如刀割。可是一想到自己和孩子的未来，又只好硬着头皮再一次离家出发。她说，她不希望自己和孩子就在那个小小的县城里待一辈子。人生有很多无奈，但外面的世界很精彩，她必须豁出去，才能给自己和孩子创造美好的未来。所以，每次离家返程的路上，她都暗暗地给自己鼓劲：为了孩子，为了未来，加油加油再加油。

聊到这里，妈妈再也止不住内心的悔恨，泪水再一次夺眶而出。她说她不知道在没有自己的日子里，女儿是怎么度过这漫长而又最宝贵的幼年时期的。

她说，好几次回家，她的父母都说，孩子时常在梦中大声地喊着妈妈，然后哭醒过来。每次看着女儿面对自己怯生生的目光，内心的愧疚总是油然而生。我也不知道说什么才好，只好陪着她，静静地流泪。我也是妈妈，我不仅深切地了解妈妈的悔恨和歉疚，更清楚一个妈妈对远在老家的女儿的无限牵挂。

随着时间的推移，他们一家人的条件好起来了。不仅妈妈在成都扎下了根，有了一份不错的工作，爸爸的公司也随着家庭的搬迁一起来到了成都，并且在这座城市买了大房子、漂亮的汽车，一家人终于团聚在了一起。

快乐的日子总是一晃而过。不久爸爸妈妈就发现了一个不容忽视的问题：女儿不怎么说话，更不和他们亲近。如果爸爸妈妈想拥抱一下女儿，女儿会马上用手势抵挡他们的拥抱，有时急了还会发脾气。热情满怀的父母一下子不知所措，也茫然了，女儿应该和父母很亲近呀，为什么自己的女儿却拒他们千里之外呢？他们辛苦打拼不也是为了孩子么？

母亲是有心人，大学时学的也是教育专业，于是暗地里观察起孩子的言行举止来。她发现，当孩子跟一群陌生人见面时，刚开始几乎不和任何人交往，甚至一句话都不会说，只是站在远处旁观，虽然内心百倍地渴望与他人一起玩耍，面上却冷淡异常。也许过上好几个小时，或者一两天之后，孩子才可能跟其中的某一个人熟悉起来。一旦熟悉了，她又变得异常活泼，声音洪亮，手舞足蹈，对可以信赖的人十分依赖，一步都舍不得离开，像一条跟屁虫。

为此，他们积极配合学校，好几次与我坐在办公室里一起交流孩子存在的问题，渴望能找到症结。可是学校特殊的环境让我们每一次的交流都显得仓促而匆忙，固有的紧张又让我们的聊天不能深入。这种情况持续到了五年级上期。

孩子为什么不愿意与他人交流呢？我打开手中的笔记本，开始与家长一起推演：不说话→害怕他人→倾诉被压抑→内心恐惧→孤独与渴望。

尽管这个演绎过程不一定准确诊断出珠珠的问题，可是经过这么一推演，我们都发现，当下孩子特别需要得到他人的接纳与认可。从家长的角度，要让孩子感受到认可与接纳，重点在于每天有意识地交流与接触，同时父母还应从多个角度鼓励孩子勇敢地战胜一切困难。作为老师，作为一名班主任，我又该从何处着手呢？从孩子现在的表现来看，让孩子走出自我禁锢的天地无疑是培养孩子自信心的第一步。

想到这里，我当即决定，从现在开始，我尽可能与孩子多交流、多沟通，走进她的世界，让她知道我是她的知心朋友，值得信赖。正值寒假，我可不可以想个办法先与孩子接触接触？

　　回家之后，经过反复思考，我和先生都觉得请孩子来家里玩最合适。在外面玩，尽管也可以与孩子交流，可是环境过于嘈杂，谈话不自然，而且我们双方的接触不够亲密。如果在家里玩，我们还可以叫上别的孩子一起，这样聊天更自在，话题更轻松，更容易拉近我和她之间的距离。于是，当班上的一个女孩强烈要求到我家玩的时候，我马上就答应了，而且自然而然提出多找两个女孩子一起玩。

　　同意了孩子的请求，确定了时间和地点，我又犯了愁：孩子们喜欢玩的游戏是什么？我不可能让她们在我家里看电视吧。如果我能够找到孩子喜欢玩耍的游戏，同时又能够让我加入她们的活动中，这样就可以在玩耍过程中融洽我和孩子们的关系，让珠珠内心的防御松弛下来，我们之间不就变得更亲近了么？女孩子们不像男孩子，她们更喜欢比较安静一些的游戏。打扑克？下棋？读书？读书不行，沉浸在自己的世界里，缺乏互相之间的交流与对话，更别说走进对方心里。对了，我还可以把做饭变成游戏。包饺子不是很好吗，既是劳动，又是玩耍。想到这里，我的心终于平静了下来。为了能让孩子们玩得愉快，真还得动点脑筋才行。

　　按照我的构想，我买来了跳棋和扑克，围棋家里有。和先生一起去菜市场买了饺子皮和馅。一切准备妥当，就等孩子们到来。

　　下午，三个女孩子聚到了我家里。刚开始，珠珠很沉默，一语不发。我对小雅说，我们来玩跳棋怎么样。小雅满口答应。于是，我和小雅进行了开局的表演，小雨和她在一边观战。没曾想到观战的人比下棋的人更着急，小雨看着小雅的棋子被困在家里，急得大喊大叫，又是挥手又是跺脚，不停地催促着小雅下这颗、下那颗，气得小雅反问到底是谁在下棋。珠珠则缄默其三，在一旁静静观看，似乎在思考着我们的对弈，又仿佛置身度外。

　　一局结束，小雨急不可耐地对珠珠说道："我们两个下一盘？"她没说话，可分明已经同意，坐到了下棋的位置上。于是我和小雅站一旁，欣赏着她们你来我往的交锋。不好，小雨的棋怎么还在原地，珠珠这颗棋一过来可就完全挡住了前进的道路。我急了，赶紧提醒小雨。珠珠着急了，大喊着汪老师不准提醒。嘿嘿，这个矜持的孩子终于说话了，我相信她心中的防御堡垒已在不知不觉中撤离了吧。

　　后来，我在一旁准备饺子馅。三个孩子趴在客厅地板的垫子上，下五子棋。我一边忙着一边看着她们当中的两个人抓耳挠腮想对策，输棋时无奈下蹲，观看时指手画脚，大喊大叫。我看到珠珠连赢两盘，忍不住要给另外两个人出谋划策，没想到这两人居然还是输了，旁观者的我还因为违反规矩被罚做下蹲五个。

仔细观察，我发现珠珠的五子棋下得不错，赢多输少。下棋的过程中，珠珠不慌不忙，认真推敲，思维缜密。小雨倒是个急先锋，总是不断冲锋，不断被堵住去路，忘却了在冲锋的过程中寻找破绽，急于求成反而输得一塌糊涂。小雅则介于二者之间，有时停下来琢磨琢磨，有时也急于求成。每次看到某个孩子因为输棋而被罚时，珠珠都抿着嘴笑着。

后来我们又一起玩公鸡母鸡小鸡的游戏。这个游戏有些难度，脑子里要想着，嘴里要念叨着，手还要比画着，如果嘴里喊的是"公鸡"，手上动作变成了"小鸡"，那就算输了。结果我们常常忙得嘴里喊着"公母鸡"，手上比画着"小鸡"，逗得大家笑得前俯后仰。一边玩一边笑得直跺脚。我们还一起包饺子，看谁包的饺子最有创意，从最规矩的普通包法到不可思议的小白兔、小猪到手掌形、五角星；最后大家开心地吃着自己的劳动果实，感受着从未有过的快乐。珠珠说，她的肚子已经被撑成了一个皮球。一边说，还一边拍打着圆滚滚的肚皮，逗得我们哈哈大笑。此刻，谁也不会相信她就是那个在教室里一言不语的沉默者。

吃完晚餐，我们一行几人到小区里散步、聊天、讲笑话，玩"五步猫""三个字"，惹得旁边走过的人都好奇地看着我们。我猜想，他们一定都觉得好奇：这个四十来岁的中年人跟着一群十岁左右的小姑娘玩这么幼稚的游戏，难道她不觉得自己很搞笑么？搞笑？！我压根儿不在意别人怎么看我，心中只有一个念头：我要让珠珠体会到相处的快乐和自由，体会到与大家一起玩耍的轻松自在，我希望她像自由的小鱼儿，四肢舒展，畅快呼吸，在她最心仪的童年开怀大笑，忘掉一切烦恼。

时间在笑声中总是跑得很快，不知不觉，时针指向了九点，我们四个人开始依次送其中一个孩子回家。送小雨到家门口，送小雅到楼底下，一路上珠珠都笑谈着，最后我独自送走了珠珠。临别时珠珠什么都没有说，但我从她亮晶晶的双眼和绯红的脸颊看到了她发自内心的喜悦。她一定记住了这段短暂却快乐的时光。

从那以后，不管有事没事，我都会主动与珠珠联系，有时发去一条问候的短信，有时打个电话。我想，只有我这个老师跟她始终保持不间断的相互往来，那个胆小羞怯的孩子才敢继续靠近我，信任我，向我敞开心扉。她也才能在老师的支持鼓励下，变得大方从容，战胜胆怯，展示自己。

寒假的一切看上去都还不错，我想象着开学之后我看到的一定是珠珠灿烂的笑脸，珠珠亲热地叫我一声"老师好"，我甚至觉得已经听到了这句我向往已久的问候了。可是，我失算了。开学报名那天，我再次看到的珠珠似乎又回到了过去，一张脸冷若冰霜，拒人千里，问候也是敷衍的、冷冰冰的，没有一点温度。这无疑让我措手不及，我怎么也没有想到结果会是这样。这一切到底是怎么回事？难道我之前的努力也随着时间付之东流，万事又只得从头开始？

第二天，正式开课。我提早来到教室，见到珠珠正在交作业本。我走上前去，亲切地问候她："珠珠早上好！"珠珠有些腼腆，又有些笑意地回敬"汪老师好"。

"珠珠，春节过得怎么样？"

"还好吧。"惜字如金。

"出去玩了吗？"我进一步套近乎。

"我们春节回老家了。"

"老家好玩不？哥哥他们回老家没有？"

"他们也回去了。他们回去早些，我们大年初一才回去的。"声音越来越小，最后几乎耳语了。

"我也回老家了，还经过了你们家门口的。"

"真的？"我看到她的眼里闪过一丝兴奋，尽管倏忽即失。有时候就是这么奇怪，尽管我们可能仅仅只是经过某个彼此知道的地方，也会为此而惊叹，并感到一种亲密。

"我啥时候骗过你？"

…………

就这样，寒假时空距离带来的陌生感渐渐远去，我们又逐渐向对方走近。

又是一个周末。回顾一周工作，突然发现有好几天没有跟珠珠交流了，我赶紧拨了一个电话给她妈妈。她妈妈说，感觉孩子这段时间开朗了不少，还说好几次上课时都想举手发言，又担心自己的回答不一定完全正确，悄悄举起的手又放了下去。听到孩子这样给妈妈讲自己的变化，我的心里涌起一种奇异的温暖感，在我的"死缠烂打"下，孩子有了小小的变化。哪怕孩子还不完全信任自己和老师，但是明显地感受到了上课时自己内心涌动着一吐为快的欲望。我，作为一名老师，在高兴的同时，是不是应该想出巧妙的办法，让孩子主动站起来畅所欲言呢？这应该是更为有效的鼓励吧。

为着珠珠着想，在接下来的班级讨论中，我有意识地将发言人定为每小组的3号同学。因为珠珠恰好是他们小组的3号。我猜测，在讨论过程中，珠珠一定会全力以赴，聚精会神地聆听他们小组每一个人的发言，一定会对记录者的记录熟记于心，而且排除一切干扰听取别的小组的意见，否则，她的发言内容将会一团糟。以她一向重视自身形象的角度来看她也一定会不负师望。不出我所料，珠珠发言时尽管还胆怯很小声，可是发言的内容既没有重复啰唆，也没有言不及义。看得出，珠珠的确很在意自己的形象。

再后来，短信互动成了我和她的主要沟通方式。教室里面人多声杂反而不利于我们两人的交流，加上她性格内向，在大庭广众之下说笑聊天让她不自在，所以，在周末的时候我往往会先发一条短信给她，一来二去，我们就聊上了。有时三两条，有时四五条。孩子不在我眼前，可我分明看到她的喜悦从心里一点儿一点儿荡漾开来，最后从眼角、嘴角漫延出来。

记得那天上语文课，教室里一片肃静，所有的孩子都在思考《花脸》一文中的问题——"为什么我打烂花瓶之后还戴着面具？"突然，我看到珠珠的手小心地试探性地伸出来，瞬间又偷偷地缩了回去。她要阐述自己的观点吗？她害怕出错吗？她担心别人嘲讽的眼神？我一时为孩子的勇气而激动不已，又生怕错过给孩子自我鼓舞的机会，站在讲台边竟然一时有些不知所措。这可是她第一次主动举手呀！我能轻易放弃这个千载难逢的时刻？不能！不能！想来想去，我假装踱步到她跟前，轻轻握住她的手，示意她起来。孩子用清亮而闪烁的目光看了我片刻，慢吞吞地站了起来，眨了眨眼睛，又捏了捏手指，小声说道："'我'……想要戴着花脸……是不想被别人看出'我'心里很难过——更不想别人来安慰'我'。有些人说不定是假装安慰'我'，想打探'我'的反应。戴着面具，别人就看不出'我'的表情了，也不会来安慰'我'了。"这是多么不同一般的独特想法呀，这里面一定包含着她内心最真实的情感。平时她不愿接受别人的安慰与亲近，是否也有这样的考量呢？我带头鼓起掌来，用赞许的目光望着她。我看到她坐下以后，脸蛋红红的，还有些小激动呢！

孩子们因为她的发言变得踊跃起来，想法也多起来，而我却有隐隐的疼痛袭来。我的孩子，你多像一只受伤的小兽，把自个儿紧紧地包裹起来。你揣测着旁人的心思，生怕别人异样的举动伤害到你。其实你何必要如此在意他人的感受呢？自己快乐才是最重要的。你何不试着敞开心扉，迎接他人的目光？即便有时阳光刺眼晒伤皮肤，那又有什么关系，下次躲开炽热的阳光不就可以了吗？只要你勇敢地跨出一步，不仅可以走进别人的心里，别人也会是你眼中美丽的风景。

　　心里虽是这样想着，可面对孩子时还得小心翼翼、轻拿轻放。与其等待机会，不如创造机会。那天我和中队干部商量学月活动，孩子们提到的更多的是各种室外运动，什么打篮球、打乒乓球、踢足球，要么就是打羽毛球和气排球。我建议开展一次棋类活动，让室内室外运动有机结合起来，顾及绝大多数人的爱好。我想借此机会让珠珠也一亮身手，让更多的孩子趁此机会了解她，悦纳她。

　　一切都朝着我的预期往前走。珠珠在五子棋比赛中，一路过关斩将，获得了全班第二名的成绩，完全出乎大家的预料，赢来了大家的交口称赞。珠珠突然觉得在班上找到了自信，好几次我在教室里，听到她大声和别的同学开心地聊着什么。看着她因为快乐而显得发亮的笑脸，我突然觉得自己的工作是如此的意义非凡。

　　也许是下围棋与同学接触频繁，也许是共同的爱好，我发现这次活动之后，珠珠的身边多了一个毛毛。下课后，她们两人一起去卫生间，一起聊天。放学后，两人一起走出校门。在回家的路上，我时常碰到她俩一步三摇地聊着天，吃着零食，一副很享受的状态。

　　星期一的下午，我例行批阅孩子们的周末日记。我看到毛毛在日记中写道："我不知道怎么回事，她为什么突然不跟我说话了。我看到她在前面，喊她，她不理我。是不是我哪点儿做得不对？她说我和瑶瑶好了，说我把我们的秘密告诉给她。她真的冤枉我了，我怎么会呢？我又没有背叛她！那天是瑶瑶叫我陪她去教导处交资料，我要不陪瑶瑶，我不是就得罪她了？汪老师，你说我该怎么办？"

　　看到这样的日记，我内心有种说不出的感觉，可怜的珠珠，你太在意这份友谊了。可是再好的朋友也需要自由的空间呐。如果好朋友只能和你独往，这样的友情对于朋友来说该是多么的辛苦、疲惫！读着这则日记，我知道痛苦的毛毛背后还有个伤心的珠珠。于是我在毛毛的日记本上这样写道："或许珠珠太在乎你和她之间的这份友谊了。我相信她现在也一定非常后悔，非常难过。要不，你给她写一封信，告诉她你的真实想法。我想，她一定会与你和好如初。"不知道后来毛毛是否采纳了我的建议，不过我又看到了她和珠珠一起去操场，一起摇晃在回家的路上。

　　令人欣慰的是孩子们还比较信任我这个班主任。从孩子在日记中倾诉的情况来看，围绕着珠珠发生了好几次这样的友谊事件，日记作者有瑶瑶、小雅、毛毛、小雨等几个孩子。到后来，也有了珠珠本人。日记是最好的交流通道。每次看到她们在日记中倾诉这样的矛盾和痛苦，我都揪心不已。我多么渴望珠珠能与孩子们友好相处，并从中学到交友的正确方法。所以，每每读到孩子们这样的日记，我都不厌其烦地留言给予化解和指导。真心希望有一天我能搬走孩子们心中的藩篱，留下芬芳的绿荫。

那一天，将孩子们送出校门之后，我走回教室，想看看教室里的情况。那几个扫地的孩子，是不是已经在快速地忙碌，我不得而知。门外炙烤的阳光下是焦急等待的家长。我得去看看，顺便还要了解一下珠珠监督清洁的情况。前几天有孩子反映说珠珠管理清洁扫除的时候有些凶巴巴的。我来到教室后门，后门紧闭着，有不清楚的声音从里面飞出来。我往玻璃门里仔细瞧了瞧，不看不知道，一看吓一跳。后面高高的学生柜上赫然坐着珠珠，一只手挥舞着，好像在说着什么。再看看做清洁的孩子，弓腰扫地的，踮脚擦黑板的，拖动座椅位置的，一派忙碌景象。只有小胖杵着扫帚，扯着大嗓门和她理论着什么。

我是走进去还是假装视而不见，对眼前景象不闻不问？我有些犹豫。惯性促使我走进了教室。珠珠一见我，忙不迭从柜子上滚了下来。小胖哈哈大笑。其他几个孩子与我打了一声招呼，继续忙着手中的活儿。珠珠闪烁的目光被我捕捉在眼里，我却假装没看见，只是云淡风轻地对她提醒了一句："坐那么高，下来的时候可要小心。"叮嘱其他孩子加快节奏，就转身离开了。远远地，我听到她羞愧地"哦"了一声。

走在回家的路上，回想起珠珠刚才狼狈的模样，我忍不住一个人偷偷地笑了起来。像她自尊心那么强的孩子，经我刚才一句话，我想以后也许不会再坐上那么高的柜子了吧？就算她想坐，坐就得了，只要注意安全，一切好说。快乐的童年，不就包括四处冒险，满足各种好奇心么？只要孩子们过得健康开朗，即便摔一跤又有什么大不了的，难道还有比快乐更重要的事情？阳光灿烂的笑脸，才是他们脸上自然的色彩。不是么？

# 四处张望

## 班规来了

国庆之后，原班主任回家生孩子，我从她手中接过班主任的棒子，成了一名老的新班主任。说"老"，是因为我是这个班的语文老师，在孩子心目中是老面孔，更有我27年的教师生涯在里面。说"新"，当然是指我从未以班主任身份在孩子们面前亮相过。

接手第一周，孩子们就给我来了个下马威：非语文课，总是有人整节课讲话，美术老师、体育老师都为此把他们留下来；语文作业，要么字迹潦草难看，要么作业没有全部完成。当然，书写一直是我想下力气整顿的，无奈以前怎么说怎么讲，都是隔靴搔痒，抓不到重点。有的孩子反正就是懒散委顿，表扬批评都不管用。

更让我想不到的是接下来发生的事：排队去操场做课间操，我走在孩子们后面，体育委员竟然带着全班同学一阵疯跑，完全无秩序可言。到达操场之后，他们三五一群，各自开心地聊着天，压根儿没有注意横排竖排的队列要求。又有一天，做室内课间操，当我循着音乐走进教室，才发现教室里剩寥寥十来个人，其他孩子不见踪影。问孩子，他们说这些人都跑出去排练课本剧去了。排练课本剧就可以不做课间操？

从接手班主任工作的第一天起，我就发现，我们班的孩子缺乏最起码的规则意识。没有规矩不能成方圆，天天都这么没规没矩地闹下去，可怎么是好？

想到这里，我决定马上着手制定班规。

于是，在一个星期三下午的班会课上，我向孩子们提出了我的想法。首先，我问孩子们："一个国家要想安稳、平静，必须要有什么？"

孩子们脱口而出："法律。"

"法律是用来干什么的？"我追问。

孩子们高举着手。一个孩子说道："法律可以让我们所有的人都能过安全的生活。受到他人欺负的时候可以用法律保护自己。"

"法律怎么保护我们？"我紧追不舍。

"如果小偷偷了我们的东西，我们可以让小偷去坐牢。"

"那些闯红灯的车子要被扣分和罚款。"

"杀了人的就要偿命。"不知为什么，孩子们就喜欢说杀人的事情，仿佛不杀人就不是大事。

我继续引导他们："小偷坐牢、闯红灯被罚款扣分、杀人偿命的目的到底是什么？"

小手如林。

"小偷不想失去自由就不要偷东西呀。想到要被扣分罚款就不要闯红灯。"

"结果呢？"我刨根问底。

"这样小偷就不偷东西了，闯红灯的就遵守交通规则了，我们生活的社会就变得安全了，我们就不再提心吊胆了。"

孩子们说得很有道理，这也正是我想要的结果。接下来我话题一转："可是，那天我们班一个孩子对我说，测验的时候讲话的人太多了，导致他都没有办法静心思考了。我们的课间操排队也是一团糟。上课时也有同学讲话被老师留下来。你们觉得自己受到影响了吗？"

很多同学很郑重地点头，表示自己的确受到了影响。

"那我们该怎么办才好？"

几个孩子积极举手，其他同学保持沉默，或许是在考虑到底什么方法才能很好地解决这个顽固的症结。

一个同学说："喜欢讲话的同学可以请他到办公室罚站。"

又一个孩子说："请讲话的同学站到教室外面去，直到他不讲话了再进教室。"

还有的孩子说："如果他老是喜欢讲话，可以请他先写很长的检讨，然后请家长到学校来把他接回去。"

我说："国有国法，家有家规。我们请同学站在教室后面也好，站到办公室也好，有什么根据吗？没有根据，我们就是乱惩罚了。要不我们全班先制定一份适合我们的班规吧。"

于是，在这节课剩下的时间里，我请同学们根据班级情况提出班规应该囊括的内容，从早上进校到下午放学。根据孩子们的提议，我们一共罗列了17条基本班规，同时提出了8条相应的惩罚措施。

  班会之后，我将班规进行整理，合并成了15条班规和7条惩罚措施，并将此班规打印出来，在第二天的一节课上专门进行讨论，逐条逐条地解读这些内容，同时我将班规发至班级QQ群，交由家长们讨论。星期五下午，我将班规打印成页，让孩子们带回家，并通过短信方式提醒家长和孩子共同讨论班规，并且告知家长，可以通过讨论稿、QQ群、短信、微信等多种方式给班规合理建言。我很清楚，要想班规能够在班级中得到执行，家长的支持是最有力的保障。在接下来的星期三班会上，我又请全班孩子针对反复修改后的班规再次逐条投票。这一次，班规条款全部通过。家长和孩子一同签字。班规正式上墙。

  为了保证班规实施的顺畅，当着全班同学的面，我郑重其事地在属于我的那一页签上了名字，并明确告知全班同学，老师犯错与同学一样受罚。

  至此，班规正式生效。

  班规生效的第一天，一个孩子因为在美术课上始终讲话，严重影响班级纪律，放学后被留在教室罚站25分钟。

  第二天，又有一个孩子因为在英语课上讲话，而且从课桌底下爬到讲台上捣乱，被罚站25分钟。

  这两个孩子被罚站时我一再告诫他们：千万要管好自己的嘴。如果再随意讲话，按照班规规定，就只有将家长请到学校来和同学一起上课了。两个孩子都点头表示明白。

  没想到接下来的美术课上，一个孩子不仅继续若无其事地找同排同学大声讲话，而且还离开座位去干扰别人。下课后，一群孩子都跑到办公室来告他的状。

  我知道，孩子们一方面是来告他的状，另一方面他们有隐隐的期待：此同学连续两次犯错，而且始终不改。老师，我们看你怎么处理这件事。

  怎么处理此事？我正在思考。孩子们簇拥着这个家伙来到了我跟前。

  我看着他默不作声。半晌，我慢条斯理地说："你去认真读一读班规，然后来告诉我你该受到什么惩罚。"

  孩子慢慢吞吞地去了。不久他回到办公室，低声说道："班规上说，我要请家长到学校来听课。老师，你原谅我吧。"尽管声音低沉，但我看不到他眼神里有半点害怕。

  我看着他，他看看我，又环顾四周，再看着我。我望着远处，幽幽地吐出了我艰难的决定："明天让家长来学校吧。"孩子完全没有心理准备，瞬间被我说的话吓坏了，呜呜地哭了起来，一边哭一边说："老师，你不要请家长嘛。我爸爸会打我的。老师……"我没有理会他，径直往教室的方向走去。

我向全班同学宣布了孩子即将请家长到校的事情，教室里鸦雀无声，连他们的呼吸声我都听得清楚。我问孩子们此刻的想法。他们的回答令我惊讶——

"我一直觉得班规就是一张纸，犯了错老师不可能照着班规执行。"一个孩子说道。

另一个孩子说："我虽然知道老师一向说话算话，上课讲话罚站25分钟，但是这和请家长比起来是小事。请家长这件事太大了，我一直觉得老师不可能执行。"

"为什么？"我揣着明白装糊涂。

"因为家长也是大人，大人被请进教室来实在是太丢脸了！"孩子们不可谓不明白。

"既然请家长来感觉丢脸，那为什么我再三提醒了之后都还要再犯呢？难道真的就是管不住自己？"

"之前大家都觉得班规就是写出来大家看的，不可能兑现呀！"看来还是觉得班规就是一个摆设而已。

于是接下来的时间，这个即将要请家长进教室的孩子打电话给自己的妈妈，我听到妈妈在电话那头咆哮，还说无论如何坚决不到学校，让孩子自己想办法解决。直到我接过电话对家长安慰说这是一个走进课堂的难得机会，可以趁机观察孩子的听课习惯等，家长的情绪才平复了下来。

孩子接受了相应的处罚，教室里逐渐安静了下来。可不知为什么，我总觉得教室里弥漫着一种不安宁的氛围，孩子对班规有着隐隐的不满。问题何在？为什么已经有同学受到处罚，还是有人不满意？从班级QQ群里反映出来的家长聊天情况，也或明或暗地感觉到他们对班规的微词。

一个班只有严格按照班规执行，才能安然无恙地走下去。如果稍有差池，不仅不能维持一个良好的班级秩序，甚至连过去的模样都回不去了。魏勇老师曾经描述过美国老师对学生的要求——班规零容忍。如果我想把这个班带好，就是铜墙铁壁，我也要把班规贯彻下去。要想树立我在孩子们心目中的威信，我必须率先垂范。想到这里，我突然醒悟，执行班规的阻力不在别处，其实就在我自己身上。因为我是这个班里权力最大的那个人。那好，我就拿自己开刀吧。

星期五午休之前，我找到我班的中队长、副中队长，告诉他们等一会儿午休的时候我要迟到三分钟，等到我进教室时请大声说"老师无故迟到了，罚站25分钟"。孩子们你看看我，我看看你，都不敢应承此事。我一再叮嘱，等一会儿必须这么做。

还好，当我故作惊慌走进教室，还没来得及站稳，便听到一个小小的声音从教室一个角落响起："老师，您迟到了。""老师，您迟到了。"不久大家都应和道："老师您迟到了，请读班规！"我故作幡然顿悟的样子，然后不情愿地走到班规面前，认真小声地读了起来。然后走到讲台跟前，当着全班同学的面，说："今天我没有请假，无故迟到了三分钟。按照班规规定，我必须罚站25分钟。现在，我当着全班同学的面在讲台上罚站25分钟。我保证做到罚站过程中不说话，不搞小动作。请所有同学监督我！"

说完，我就端正地、严肃地、目不斜视地站在了讲台中央，一点儿不敢东张西望。说实话，想到白白浪费25分钟，我很心疼。但是我知道此刻我必须对自己严格，必须认真罚站，否则一切前功尽弃。我在讲台上规规矩矩地罚站，台下的孩子们有的看课外书，有的小声地讨论着什么，有的做作业。不管他们在干什么，我发现他们会不时回过头来瞄我一眼。我太清楚瞄这一眼的含义，所以更加端正地站着。只要这一站被孩子们接纳和认可，班规的推行基本就无大碍了。

果不其然，从我被惩罚之后，孩子们上课基本没有出现故意讲话、扰乱课堂秩序的现象，午餐时间要求的安静无语、光盘行动都开始有条不紊地执行开来，甚至那个一向管不住嘴的男孩有一天对我说："我现在时刻都要提醒我自己不要随便找别人说话，我真的不想请家长到学校来！"

班规来了，我轻松些了。但愿在接下来的日子里，我们能在班规的帮助下，越走越顺畅，越来越轻松，越过越自由……

不要因为走得太远，忘了我们为什么出发。纪伯伦如是说。记录走过的路径，是为了明天更好地出发。为了更踏实地走向明天，我希望自己记住来时的路。

# 最美的风景

## 引 子

一个人走上某一条道路，总是因为受到某个人或者某件事的影响。我们一直往前走，时常忘了来时的路。不忘过往，才能更踏实地走向未知。

从有记忆起我就讨厌当老师，不只是老师整天板着的那张面孔令人心生厌恶，还有小镇上尽人皆知的传闻：学校老师穷得连米汤都要分着喝。谁要是想当老师，就会被周围的大人小孩嗤之以鼻。

就是在这种知识最不值钱的年代，我居然被父亲押着去考师范学校。父亲说，早一点儿工作早一点儿挣工资，早一点儿减轻家庭负担。当年考试和今天不同，那时候不仅有会考，也就是今天的毕业考试，还有最后一锤定音的终考。会考时要上一定的分数线，才有资格在终考中一决高下。终考时我的分数远超录取线。没有悬念地，我走进了师范学校的大门。

门是进去了，可是不喜欢的东西就是不喜欢。每每想到未来就是在一个偏僻小镇甚至一个村子里当一辈子"娃娃头"，我就感到莫名的悲哀。我周围的同学，基本都来自农村，好不容易跳出农门，一到农忙时节就被父母们催逼着回家收粮耕地。平时的话题似乎永远就是那些：你有对象了吗？你家里修房子了吗？我们找点什么吃的？鲜有人想着去图书馆逛逛，顺带憧憬一下外面的世界。无味的一潭死水让我对未来恐惧有加。

每一次和父亲聊起学校，聊起打算，总是不欢而散。因为不喜欢摆在眼前的既定事实，我不止一次向父亲提出，我要休学去读高中，并且一再保证，我一定会在高中期间努力用功。可是父亲总也不答应。后来我才从母亲口中知道，父亲因为一次感冒打针感染了肝炎，身体始终不太好，只是他向来不让我们知道。家里负担重，他希望我早点儿自食其力。

面对这样的家境，除了接受眼前的这一切，没有第二条道可供选择。中师一年级，我在浑浑噩噩中度过，上课听着老师无精打采的唠叨，休息时间扯扯闲篇，打打扑克"争上游"，心里腻烦透了。刚从大学毕业的班主任老师总琢磨着什么时候能去外面闯天下，无心管理我们这群毛孩子。老师们上课也了无生趣，不是批评同学们着装，就是面无表情自顾自地念着课本。同学们想干什么就干什么。于是，十五六岁少年们的课堂，大家各行其是，要么在本子上涂涂画画，要么和某个同学纸条传情，还有个别人直接趴在桌上睡觉。

教室、寝室、食堂，一成不变的三点一线，让绝大多数同学都没有了上进的激情。

班上的同学都清楚，反正每个人到点都会顺利毕业，学不学习都一回事，出去就是个"娃娃头"。谈恋爱混日子顺理成章成为学生生涯的重头戏。那时候班上很多同学都是复读两三年才跳出农门，进校时已是十七八岁，青春期的躁动无疑得用恋爱的迷离才能平复。每到周末，三三两两的男孩女孩成群结队地出现在学校背后的小山坡上，羞怯地若即若离，左顾右盼却目有所及。谁都清楚，中师的男孩子走出校门要想找到一个合适的"非农业"户口的女孩是有相当难度的，能利用眼下的自由找到心仪的女孩（未来的女老师）也是相当不错的。

学校当然对学生的情况洞若观火，对谈情说爱必须严防死守，万一有个什么越轨行径导致不良后果让老师们措手不及肯定不行。一切都在掌控中，一切都要扼杀在摇篮里。为此，但凡值周老师晚上巡视，超长手电筒是标配，自习课考勤更是"宁可冤枉一群，不可漏掉一个"。

还清楚地记得，有天晚上值周老师发现我们班一名同学没有来上晚自习，追问旁边一男生该同学去向。该男生头也不抬地说弹琴去了。老师一听以为故意装疯，遂厉声责问到底干什么去了。男生再说"弹琴去了"。老师一怒之下，居然一把将这个好心回答问题的男生拽了起来，手掌举到半空中顿了片刻，吓得男生赶紧补充"弹钢琴去了"，此老师才放下手来。全体同学屏息凝视，连大气都不敢出。

正当我们班的男同学们面上波澜不惊，底下蠢蠢欲动之时，我们班迎来了一位中年女老师，担任文选老师兼班主任。这是一位怎样的老师呢？身高不过一米五，短头发，时时刻刻笑容可掬。也许就是因为笑意频繁，嘴角纹路密布。几次短兵相接，我们发现她脾气相当好，好到只会笑，在任何人事面前都是一副弥勒佛宽怀度人的模样。这和川东地区人本该有的火爆脾气完全不搭界。

这样的老师谁会放在眼里呢？

不过一星期，不想跑操的人依旧赖在床上，不愿做作业的同学还是交一个空空的本子。实在懒的，连交本子都嫌麻烦，老师还没有点名，自己就主动站起来接受批评，并主动承认自己就是不会做，也不想做，本子也找不到了。

"弥勒佛"接手一个月下来，我们班就多次被校长点名批评，还有好几次被留操场重新跑操。

那时候的中师，更像是今天的普通高中，老师不光要每天带着学生跑早操，做课间操，还得批阅学生的作业。我们时常抱怨，早知中师这样读，还不如读高中得了。更让我们意想不到的是她居然要求我们一篇一篇地背诵文言文。凡是背不了的，得规规矩矩留在教室里，一句一句地读，一遍一遍地背，直到过关为止。对于要求，她既不重复唠叨，也不大声训斥，反正轮到该背诵的日子，她端一把椅子，安静地微笑着坐在门边上，大家拿上书，依次到她跟前接受监督。背不了的，也不急，第二天早读时继续到她跟前接受"检阅"。在我们心里，这样的老师无疑是可恶的。于是我们在背后根据她的名字，给她编了一个顺口溜——吴老太，爱装怪！

时间不知不觉就到了春天，班上迎来了最可怕的一场传染病，肆虐的甲肝让我们班三男一女同时住进了医院。这下可麻烦了，农忙刚刚拉开序幕，病友们的父母多在田间地头和时间赛跑，哪有时间照顾孩子。其他同学又要忙着上课，无暇他顾。

病友们入院的第二天，她找到了我，还有班长。她微笑着问，班干部对这件事有什么安排，想了哪些办法。我不知该说什么，只好低头不语。班长也无话可说。她似乎对一切早已了然于胸，微笑着吩咐我们，班长先去买点水果，到医院去安慰安慰同学，我随她去。一路上，我跟着她，先进菜市场，然后去她家做好鱼汤，再提上鱼汤下一百多级阶梯去医院。

不知为什么，那天同学们的表情特别凝重，病房里鸦雀无声，完全没有上课时的嘻哈劲。这一幕，至今我仍记忆犹新，仿佛昨天才发生。

后来的两个星期，她每天上完课就回家给同学们熬汤煮东西，有时是鲫鱼汤，有时是排骨汤，间或在汤里面加点面条蔬菜什么的。只要主课一上完，我就和班长去她家提饭盒上医院。不久，我们就和她熟络了起来。

从她口里我得知，她是泸州人，先生是我们本地人。川大历史系毕业之后，他俩双双回到了我们这座小县城，一直在中学教书，直到接手我们这个班。她有两个孩子，一前一后从中学毕业。她说，孩子读大学了，她也可以轻松地带我们这个班了。我一边看她忙着锅里的，一边帮她给养在阳台上的一只肥母鸡添添食。

那时候正流行《血染的风采》，老师总是一边做事一边哼着这首歌，有时候还鼓励我和她一起来一段。在我印象中，从没见过任何成人哼过歌，即便我的父母，最多也就是读读报纸，打打扑克，聊天看电视。老师的举动让我惊诧不已。不过，很快我就像老师一样喜欢上了唱歌。一边做事，一边哼着歌，时间一晃就过去了。两周以后，同学们出院了，我又恢复到正常的学习中。

不久，迎来了期末考试。期末考试的科目很多，除了普通高中要学的语文、数学、物理、化学、生物等，还有针对小学教师的专业课程：美术、音乐、书法以及语文的基本功测试——正确书写拼音字母，正确查字典，正确朗读课文。同学们放下手头的其他事情，专心用功，谁都懂得"临阵磨枪不快也光"的道理。她看在眼里，不动声色地笑着，转身离开。

对于大多数同学来说，期末考试最难的是立体几何和生物。立体几何到底几何，女同学心里都没有谱，而生物得靠大量时间去死记硬背，临时抱佛脚也起不了多大作用。那一次期末考试结束，全校师生在教学楼下集会，教务主任宣布了一件大事，对她不啻为晴天霹雳：我们班有五个同学因为考试作弊将被张榜记过。面对这个消息，五个同学好一会儿都没有回过神来。补考倒是次要的，可是张榜公布处理意见这个脸大家还是丢不起。

事后五个同学找到班干部，希望能找学校领导通融通融，取消张榜，把尊严的损失降到最小。几个班干部碰头商量一番，觉得还是只有请出她来才能摆平此事。可是这样丢人现眼的事情，她会不会同意，会不会趁机把大家骂个狗血淋头，我们几个心里都没有把握。没有办法，大家只好硬着头皮找到她。没想到她仍旧笑容满面，对我们说："我已经找过学校领导。好说歹说，磨破了嘴皮，教务处最终同意不张榜公布，但是要求他们每个人都要认真写一份检查交到教务处。下学期开学再补考。"听到这里，我们心中悬着的那块石头终于放下了。几个"肇事者"听到这个消息，喜笑颜开，犹如中奖一般。

经历了这么两件大事，同学们似乎都平和了下来，上自习时大家不吵不闹了，偷懒的不再目空一切随意扔个本子交票了，甚至谈恋爱的都有些收敛，不会在教室里明目张胆卿卿我了。谁也不明白是什么力量让大家学会了冷静。

我只知道，后来我们县上选人大代表，她高票赢得了我们学校的唯一名额，并且成了真正的县人大代表。

两年之后，为了照顾年迈中风的母亲，她调回了泸州。送别她的那天晚上，很多同学喝了很多酒，流了很多泪，男同学女同学个个泪眼婆娑。而我只记得当时自己喉头哽咽，什么都说不出来。我很迷茫，不知她走了之后自己还会不会如此热爱这所学校，这段经历。不久我们也都顺利毕业，各自奔赴学生需要的偏远地区从事教师职业。我们郑重约定，工作二十年之后的暑假，我们一起相约去看望已然退休的她。

再后来，改革浪潮风起云涌，同学们纷纷走出大山和乡村，我也从小镇来到了城市。而她，早已和我们失去了联系，不知状况如何。每每大家聚在一起，都忍不住要聊起这位流泪也微笑的吴老太，聊起她给同学熬的鱼汤，聊起她坐在门边抽背课文的场景。聊来聊去，才发现她已然成了我们每个人心中最美的风景。每一个路过这风景的孩子，都不知不觉深深地记住了她……

## 再也停不下来

2001年是我人生的分水岭。

我任教的学校是一所小有名气的公办学校。和同龄的年轻人一样，我每天站上讲台，填满课表的空档，过着逍遥自在的生活。眨眼间过去了12年。

2001年，学校体制变更为民办性质。领导宣布，从现在起，工资分为几等，以前政府评定的教师职称等级只作参考。每个人的工资都要调整，能者多劳，多劳者多拿，不认真不负责、水平不够的人少拿，不服气的人可以不干。对大多数普通老师来说，这个改变不啻晴天霹雳。一向不疾不徐的老师们变得人人自危，大有山雨欲来的紧迫感。

人们开始寻找出路。可是特定的环境让我们清醒过来，学校的发展得靠大家同心协力，转变老师观念、提高老师素质成了学校迫在眉睫的大事。于是，接下来的无数个教工会成了一场又一场的培训和讲座，一拨接一拨的专家开始给我们洗脑。不是没有效果，但每次听完讲座，我都在思考：到底什么样的老师才算是好老师？我订阅了《小学语文教师》《小学语文教学》，没事就翻看，模仿里面的一些案例，尝试有所改变。令人气馁的是，我始终徘徊在黑暗中，不得要领，在左冲右突中败下阵来。

2005年暑假快要结束的一个上午，学校例行老师培训。有一天是李镇西老师的讲座。那天他讲了些什么我已记不太清，但是有一段话让我从昏昏欲睡中惊醒——

一个老师的言行，可能影响孩子一生的成长。所以作为老师，应该学会反思。最好的反思就是每天都将自己的言行忠实地记录下来，不管好坏，经过两三年客观公正的记载，你就能成长为一名优秀的老师，当然也一定获益匪浅。

他甚至打趣地提醒大家，到时候成了大师千万别找他写序，他很忙。

我第一次听说做老师的还要反省自己的行为，更是第一次听说老师还应该写日记。写日记，不就是记录流水账么？反思，应该就是回顾，思考自己的行为吧？想到自己每天从早忙到晚，女儿马上要上五年级，先生在外地工作，家中里里外外的事情都是我一个人承担，哪还有时间自我反思？李老师这个要求是不是太高了？

身边的老师们也炸开了锅：李老师是不是说错了？没事让老师们写日记，站着说话不腰疼！不是第一线的普通老师不知道老师的辛苦，你不上课不管家当然有时间去思考了，可我们就是一个靠工资吃饭的小老师而已。特别是我们这些当妈的，孩子有个头疼脑热就会忙得连吃饭的时间都没有，还要去反思，去记日记？有这个时间还不如用来补补觉……

可是李老师的话就像转动着的风扇，总在我耳边嗡嗡作响。"一个老师的言行，可能影响孩子一生的成长。"一生的成长，是不是太夸张了些？我人微言轻，承担得了么？转念一想，想起正在上学的女儿，如果因为老师不能让她身心健康地成长，没能够最大限度地发展，我这个家长又会不会用异样的眼光看待老师、评价老师？

要不，试试记流水账？女儿总不愿花时间写日记，我何不来个一箭双雕，看看自己有多大的意志力，同时也鼓励孩子和我一起写日记。即便最后我们都不能坚持长久，但是女儿能记录一些她小学时段的趣事也挺划算的，而且我也能把发生在班级里的一些事情记下来，就算以后老去回头看着玩也不错呀。

想到这里，竟然有点莫名的小激动。想想也是，这么多年来，早就忘了还有日记这档子事。先做起来再说。于是我就在"教育在线"开了一个博客空间。我很喜欢俄罗斯作家普里什文的《林中的小溪》，其中有一句话我记忆深刻："如果你想了解森林的心灵，那你就去找一条林中的小溪，顺着它的岸边往上游或者下游走一走吧。"如果我们想了解孩子的心灵，也应该循着孩子的心灵去走一走、看一看。于是我给自己取了个网名"清清小溪"，空间顺理成章取名"清流"，也有"不积小流，无以成江海"的意思吧。

开设空间并不难，难的是接下来的每日一记。如果我这个做老师的都不能试着去干好一件事，那么我怎么面对我那即将进入青春期的女儿？我怎么敢用理直气壮的眼神去迎接她挑衅的目光？开好空间之后，思想斗争也做得差不多了，我终于战战兢兢地提笔了。

2005年的10月7日是一个平凡的日子。那天，我们班上发生了一件不大不小的事：早上站上讲台，眼尖的小男孩一眼就发现我没戴校牌，马上大呼小叫起来。我想悄悄弥补过失也来不及了。而且我猜测，他们都恨不得老师出丑被他们抓个正着。根据班规，不戴校牌的孩子要被罚背诵一段课文，老师不戴校牌，与孩子享受同样的"待遇"。孩子们为了让我感受背诵的痛苦，居然选了一篇他们觉得背诵起来最困难的课文——《挑山工》。我坚决反对。可是他们根本不给我申辩的机会，一致举手表决通过了这一决议。还好，善良的他们最终同意我只背诵第一、二自然段。

那天早读、午休和课间，我都举着一本语文书，逐字逐段地读着、念着、背着、焦虑着，挣扎到孩子们宣布的考察时间为止。背诵的那一刻，全班同学不约而同翻开书，眼睛一眨不眨地盯着语文书。我磕磕碰碰地背下来，最终以错两个字的成绩背完了规定的内容。在阵容强大的"检查团"前，我第一次感受到气场对一个人临场发挥的影响。本来我在课下背得滚瓜烂熟，站在孩子面前接受检查时，竟然有点结巴起来。当众人的目光都聚集在我身上时，我居然有芒刺在背的感觉。那一刻，我真实地体会到了学生站在老师面前时内心的挣扎和怯懦，体验到孩子在老师这个强势人物面前时的惴惴不安。

没想到就这么一件小事，给我带来如此大的震撼，我第一次静下来开始问自己：作为老师，你有没有想过孩子的感受？有没有考虑过他们的承受能力和内心的惧怕？如果能够多站在学生的角度考虑问题，师生之间的关系就会更融洽吧，学生也会对老师所上的课程更感兴趣吧？

背诵在孩子们大度的体谅中顺利过关了。我犹豫着，要不要把这件"糗事"记下来。既然下定决心要写，为了不做无用功，就一定要忠实记录，不歪曲事情的经过，不遮掩自己存在的问题，放下所谓的面子，还原真实的自己。最终我决定以完全真实的面目记录下这件事。虽然看起来让当时的我觉得有些"丢脸"，可这也正能体现我这个老师的平等意识吧。

接下来的日子就在一天一篇日记中度过。哪天有精彩之处，便洋洋洒洒写上一两千字；没有可以记载的内容，短短的两三百字就解决问题。有一天写完日记，我扪心自问：如果每天都记录这样流水账似的日记，有什么意义？如果每天记录的都是我在孩子们面前垂头丧气或者火冒三丈的不雅形象，家长会怎样看我？会不会传递给家长们一个信号：这个老师在管理方面除了唉声叹气和发脾气，别无他法。把孩子交给这样的老师放心吗？

偶然和校长聊起了这个问题，校长鼓励我说，只要坚持下去一定就有收获，没事可以多去书店逛逛，也许能找到需要的东西。书店？对呀，我怎么把这么重要的地方给忘了！

很快，我从书店搬回一本本教育书籍：薛瑞平老师的《心平气和的一年级》、窦桂梅老师的《捉虫记》、王晓春老师的《教育的智慧从哪里来》、陶行知的《陶行知文集》、苏霍姆林斯基的《给教师的一百个建议》……为了提高效率，我在办公室、家里都分别放了一两本，一有空闲，就看上一两页。

不看不知道，一看吓一跳。以前我一直认为孩子学习成绩差是因为他们不认真听课，不按要求完成作业，没有把心思花在学习上，家长没有给予孩子明确的要求，反正，和老师没有关系。可是苏霍姆林斯基竟然说，学生的成绩出现问题，首先要找的就是老师的症结，差生更需要大量的阅读，等等。我还一直认为差生需要的是不断地做题、不断地练习呢，原来自己从根上就完全是错误的。天哪，我已经教了这么多年的书，该误了多少孩子？我不敢想象，突然有那么一天，一个人当街对我一声大喝："老师，你当初为什么这样不负责任？"我该如何应对？

饥不择食的我每天都沉浸在书籍中。苏霍姆林斯基说，复习和巩固已学生字的最好方式是每天走进教室时，提前在黑板上抄写三五个词语，让孩子们到校之后就抄写识记，这样一来，即便每天仅是不多的三五个词语，日积月累也数量可观。我马上依葫芦画瓢，照搬使用，效果良好。薛瑞萍老师又语重心长地讲道，孩子们的阅读一定要养成习惯，要每天安排固定时间用于阅读。于是我马上重新规划孩子们的作息时间，把午休的前15分钟确定为班级阅读时间，同时赶紧冲向书城，购买了一批适合孩子们阅读的儿童读物回来。直至今日，我们班每天午休的前20分钟仍旧是独立阅读时间……

我一边读书，一边尝试着改变，一边用笔记录自己的所作所为，所思所感。这种坚持的辛苦有时是他人无法感受的。有时候，疲劳至极的我真是不愿动笔，找出各种理由为自己的懒惰开脱。这时邱华校长的话就在我耳边响起："加油哟，我可是每天都期待着看你最新的日记。"校长亲自督阵，我哪敢有丝毫懈怠，只有坚持写下去。突然发现，自己变得忙碌起来，而且第一次真切地感受到了自己知识的匮乏。

　　为了更真实地记录每日发生的大小事情，每天放学路上，我开始回顾自己一天的工作。从跨进校门的那一刻开始，这一天中，有没有什么地方做得不太合适？处理学生的事情有没有更好的方法？这个学生出现的问题是否带有普遍性？我有没有及时科学地处理？班上今天有没有异样的情况发生？孩子们今天开心吗？……一边沿着时间的轨迹去整理，一边思考着下一步的工作。我逐渐有些明白李镇西老师的意思了：只要你不断地记录，肯定都会改变。其实背后隐含着更深层次的意思：只要你敢写，就有人在监督着你，逼迫着你，你不努力都不行。而且，为着让日记更好看，让家长看起来更有价值，自己也得不断学习，不断充实自己、完善自己。这样的行走，难道不是让自己得到洗涤、升华么？

　　写博客的意外收获是，我的博客被推荐为"优秀博客"，"北国之春"点评我博客的文章《教育是一条清清小溪》被刊登在《人民教育》上，部分抵消了我每天晚上在昏黄的灯光下敲击键盘的辛苦。

　　2008年无疑是我的幸运年。有一天，我照例打开博客，准备记录自己当天的"流水账"时，看到一则留言：汪老师，我是李玉龙，有空与我联系。后面是李老师的联系电话和地址。好奇的我忍不住按照留下的号码拨了过去。这个电话把我带到了《读写月报新教育》编辑部，结识了李玉龙主编和编辑童蓓蓓老师。从最初的教材理解到深刻的教育理念，一个下午的聊天，我收获多多，也是第一次体会到才思枯竭的滋味。

　　李老师向我推荐了几本书，如马克斯·范梅南的《教学机智——教育智慧的意蕴》、阿莫纳什维利的《学校无分数教育三部曲》等。李老师强调，一个老师要学会甄别书籍，要懂得自己的需要，并不是所有的教育书籍都适合自己。这些话提醒我，教育书籍与其他书籍一样，也会良莠不齐、深浅不一，更需要我们自己学会挑选。

　　当时我正带着孩子们读《论语》。童蓓蓓老师说，《论语》这本书并不太适合低年级的孩子们读，因为它缺乏童趣，如果要给孩子们一些经典的熏陶，最好让孩子们诵读一些经典诗词，而词甚至比诗更让孩子们喜欢，里面描述了很多有趣的故事。让孩子们喜欢。我以前怎么就没想到孩子们阅读的东西会不会让他们喜欢呢？我似乎已经忘记了童年的存在。

　　回家的路上，我手中多了沉甸甸的书籍，它就是《读写月报》。

　　晚上，我把杂志摆在书桌上，一页页地读，越读越觉得有滋味。什么不动笔墨不看书，什么勾勾画画，都被我抛至九霄云外。这么生动有趣的文章，还得捏着个笔慢腾腾地磨着，实在太不解气，我要读个淋漓畅快。读着读着，里面的一个个人物随着文字的铺展慢慢走了出来，慢慢地和我熟悉起来。

那个穿着飘逸长裙的老师，俊美的脸蛋、窈窕的身材、悦耳的声音，难怪孩子们都如此眷恋她。是呀，这样的老师才是孩子们喜欢的，也是大人们喜欢的。这个老师在哪里？连我也不可救药地喜欢上了。

还有那个叫作杨聪的老师，他记录的《插班生的故事》，给我留下了深刻的印象。他记录了一个真实的故事，让我看到一个有经验和智慧的老师转变学生的好榜样。真实的故事中，改变总是缓慢的，甚至有可能颗粒无收。它让我幡然醒悟：后进生的改变不要指望在朝夕之间一蹴而就，很多时候，我们要给予孩子足够的谅解和宽容，要容许他们不断犯错，尽可能做到在下一次错误到来时试着修正轨道。我们播下爱的种子，接下来需要在浇水、施肥和捉虫的过程中慢慢等待。老师在等待中煎熬着、愤怒着、自我安慰着、反思着，直至那些漂浮的外在的急躁远离自己，走向波澜不惊的平和。

阅读的过程中，我为逝去的岁月感到悲哀，也暗自庆幸这一路走来，能够遇到这些优秀的老师。他们让我沉下心来，剖析自己，洗净浮躁，重新打量自己。我发现自己比任何时候都更明白自己的需要——那窄窄的三尺讲台，是塑造我和孩子们的大舞台，没有比这更棒的地方了。

2009年7月底，我参加"第一线全国高级教师研修班"，在那快节奏而富有张力的七天中，我积极参与到学习讨论中，听课，谈感受，大段大段地记笔记，和老师们在课堂上你来我往地争执，由浅入深地切磋，课下还就不懂的问题反复探讨、追问。那七天的我，就像一条小溪流一个不小心来到了入海口，这里瞧瞧那里瞅瞅，恨不得什么东西都打探个水落石出。

还记得当时钱佳音老师上《一棵树》的情景。课堂结束了好久，我还沉浸其中。无法想象，钱老师是如何想到从法律这个窗口打开文章缺口的；更不可思议的是，她没有围绕几句话翻来覆去地读，孩子们在课堂上居然表现出前所未有的活跃，从国外到国内，从过去到现在，旁征博引，思维缜密，表达准确，让听者如痴如醉。课后孩子们一致表示，他们很喜欢这样的课堂。接下来的时间，孩子们和老师一道，积极讨论，共同探索。

钱老师为什么这样设计课堂？她的灵感来自何处？我追着钱老师问。她告诉我，上好一节课，没有任何框架可言，唯一的办法就是查阅资料，查阅与课文内容有关的各种各样的资料。资料呈现得越充分，你理解得越彻底，上课的思路就越清晰。她还说，为了上好这节课，她专门请教了对中美法律都很有研究的律师。我写下这些文字时，当时的情景仍历历在目。

郭初阳老师的课，可以说颠覆了我以前对课堂的评价体系。他几乎把所有的课堂时间都还给了学生，学生们在课堂上畅所欲言，有不同想法，别的组可以反驳；有相同想法，你可以继续丰富；有更绝妙的意见和建议，直面陈述即可。听完这节课，无数个问号在我脑中盘旋：为什么要这样预设课堂？其目的是什么？像这样上课，该怎么备课？课堂如此开放，学生的问题形形色色，老师应付得过来吗？老师又该从什么地方着手准备……

在接下来的讲座中，郭老师谈到，一个老师只有把课堂完全还给学生，让学生在课堂中去思考、提问、寻找、交流，他们才能获得真正的成长。而老师要做的就是准备资料，资料准备得越齐备，上课越能够得心应手。

两位老师讲的不谋而合。回想我自己上课，鲜有查阅资料的时候，几乎靠着一本教参和过去少得可怜的积累支撑着课堂。想起来真是汗颜。古人说，你有一桶水才能给学生一滴水，我连一碗水都没有，又能给孩子什么呢？

从研修班回来，我开始用他人的目光反观自己的课堂，牢记李老师说的话："不要让我们的课堂变成负数课堂。"怎么转变课堂？对，就从学生的预习抓起！想到就赶紧做。我马上翻开课本，将语文全册书的重难点整理出来，并且针对教参的要求设计出第一张预习题单。题单包括四个方面的内容——生字词、句子理解、不懂的问题和资料收集。

制作好了预习题单，我马上就用《秉笔直书》这篇课文做了第一次试验。嘿，别说，效果还真不错，不光是学生生字词掌握的效果明显变好，更可喜的是，学生提出了很多有见地的问题。比如他们问：崔杼这么霸道，为什么还害怕太史叔呢？太史叔回去的路上，为什么太史季要把太史叔记载的内容看一遍？为什么南史氏一定要让太史季把写好的竹简给他看了才放心地回去？

接下来上课就变得有趣好玩了，孩子们就这几个问题展开了激烈的讨论，你一言我一语，谁都不甘落后，一旦有人提出的看法有漏洞，立马有好几个孩子"声讨"。表面上看课堂秩序不太安静，但是每个人的大脑都在高速运转着，老师更不能有片刻马虎。

下课了，还有一大群孩子围着我继续讨论。一个男孩子兴奋地对我说，这样的课上着真爽！要是以后都这样上课就好了！看来只有孩子们需要的课堂才是他们喜欢的，否则一切都毫无意义。

在教学中，我发现，预习题单的优势是基础掌握牢固，词语理解到位，课文内容掌握良好，弊端是作业量偏大，不利于培养孩子的学习积极性。为此，我前后五次调整预习内容，根据每个孩子的不同情况发放不同的预习题单，提出不同的预习要求：成绩好的孩子一般记忆力较好，基础掌握不赖，只需写一遍生字，重点放在对课文内容的整体把握和提问能力的训练上；成绩中等的孩子则需要在生字的掌握、阅读理解上面多花一些工夫，所以不仅要写生字，找一找生字的同音字和形近字，还得把课文中的一些重点句子勾画出来，并且试着写一写自己的理解；成绩不太好的孩子重点是生字词的掌握，把课文读得通顺流畅即可。为了不打击孩子的积极性和自信心，我随时根据孩子的学习情况调整预习题单的发放。久而久之，孩子们的阅读能力得到了极大的提高，自学能力逐渐凸显出来。

随着自学习惯的养成，我们上课的速度也在不知不觉中发生了改变。有的课文，孩子们都不感兴趣，那好，一节课完事，有的课甚至不用上了，交代孩子们回家自学，然后出一张题单考查一下就过了。有的课文上了两三节还不过瘾，干脆就多上两节，或者干脆把作者的前前后后来个完全感知，或者进行类比，看看别人在看待同样的事物上持何种态度。孩子们每天都忙着，忙着查资料，忙着争执、讨论，还忙着去甄别文章的真伪。他们在语文课上快乐地感受着语言文字的魅力。

因为有了孩子们的激情，我们突然发现课文上起来很快，基本上一个星期跑完一个单元。时间富裕了，干什么好呢？要不干脆上点别的内容吧，孩子们建议。于是，我们引进了《新语文读本》，在每周的星期五上一课；每天的语文课前几分钟是雷打不动的班级日记展示；每周早读拿出两节来读唐诗宋词，这学期我们读《美文60篇》；班级共读书籍四、五本，随时展开讨论，一次不够两次，两次不够还有第三次；至于每天的班级阅读时间，那更是铁打不动的。

2011年11月，我们班接受了为"国培"老师上一节课的任务。想到语文书中的内容已经上过了，我决定在《新语文读本》中选一篇没有上过的课文《树林里的上帝》。这是一篇关乎生命与尊严的文章，事先我没有给孩子任何特殊的交代和要求，只让他们熟读课文，做适当的预习，提出自己不懂的问题。

作为执教者，我做了充分的准备：阅读史铁生的《病隙碎笔》《我与地坛》以及环保书籍《寂静的春天》，还有很多环保资料，甚至读了《圣经》中的有关章节。

孩子们提的问题主要集中在两点：为什么说女孩是树林里的上帝？为什么文章最后女孩"从此不再去那树林"？从这两个问题开始讨论，又生发出更多问题。上课那天，孩子们精彩的发言让听课的老师为之一振。他们不仅谈到了人们对生与死的态度，还谈到如何理解死亡，如何尊重每个生命个体，人可以成为自然界哪怕是昆虫世界的上帝吗？即使出发点是善良的。

开放的课堂培养了思维发散的学生，思维发散又使得课堂充满灵性与活力。在不断走向良性循环的课堂教学中，我真实地感受到自己从被动需要到主动寻求的改变。虽然还步履不稳，摸着石头，但我清晰地看到了目标——无边无际的蓝色海洋在阳光下仰望着深邃的天空。

# 规则的背后

## ——美国见闻

今年1月18至2月18日，我有幸去到美国犹他州参加犹他州教育厅组织的盐湖城中文"沉浸式"教育活动，并得以寄宿在美国家庭，而且非常幸运的是寄宿家庭中刚好有三个孩子，他们分别就读于小学五年级、初中二年级和高中二年级。于此，孩子和家庭、学生和学校自然成了我的观察研究对象。

第一次踏上美国这片国土，首先印象深刻的是公路上车来车往，许多地方如国内一般拥堵，可是不管公路多么拥堵，最里面的一条道始终空空如也，除了极为稀少的几辆车。路上基本没有摄像头，更没有抓拍的电子眼，为什么大家都不走这条道呢？这给我这个初进美国的人留下了极为深刻的印象。后来我问寄宿家庭的主人，才得知最里面的道路是要付费的。而付费方式极其简单，只要你将车开进收费道入口，电子监控拍下来，到时候收费单寄给你就可以了。整条公路上只有收费道的入口处有摄像头，可居然没有人避开入口钻空子，让我一阵惊叹。

到达美国寄宿家庭的第二天，我们来不及倒时差，就跟着主人的儿子去学校，进行为期一个月的学习之旅。去往学校的路上，两旁都是厚厚的积雪。孩子们三三两两背着书包，聊着天开心地往前走。不远处，笔直的马路中央居然站着两个身穿交警制服的阿姨。多看几眼才知道，每当她们看到有人过马路，就马上各自举起一块红色的"STOP"警示牌站到马路中央，直到所有的人都安全过到对面，她们才回到路边。

　　更令我动容的是尽管美国的车速远超国内，路过的汽车一旦见到有人站在马路边，远在20米之外就主动停下来，即使你不过马路。直到路人过了马路，汽车才慢慢离开。这和我们国内即使绿灯过马路也要左右小心察看形成鲜明对比。

　　就这样一路惊讶着感慨着，我来到学校。

　　学校的门不大，就是两扇对开的玻璃门，校名写在门口的一块大石头上。推开厚重的玻璃门，还有一层厚厚的玻璃门。进去，一条铺着灰色地毯的过道伸向前方。墙裙也是灰色的绒面，与地面浑然一体。进门过道的右手边是教师休息室和会客室，旁边是一间极小的校长办公室。孩子们陆陆续续从我身边走过，没有声音，连脚步声都消融在地毯里。

　　教学秘书热情地递过来一张时间安排表和学校分布图。我仔细阅读，才发现这个矮而阔大的建筑物就是整个学校。我觉得用"栋"或者"幢"来形容美国的学校都不太妥当，因为它根本就不是直直地竖立，而是像一个大铁锅盖盖在地上一般。中高年级教室在锅盖外圈，低年级则在内圈，内圈教室没有窗户，换气系统和暖气系统保证了室内的空气和温度都恰到好处地适宜儿童学习和休息。教室一间挨着一间，非常安静。一打听，我才知道，早上老师们都在教室里做准备。8点半之前，所有的孩子不得进入教室，全部集中在大厅里安静地等待，除非是得到特殊奖励，可以协助老师准备工作的孩子。全校孩子集中一处，不知多么嘈杂。我心里如是想。等我走进去，才发现我的想法完全错误，孩子们随意坐在地上，有的静心阅读，有的做作业，有的极小声地聊天。整个大厅非常安静。

　　溜达一圈，上课时间如期到来，按照事先安排，我首先到二年级教室听课。

　　之前我也看过一些介绍美国学校教育的书籍，知道美国的孩子在课堂上很随意，可以随便吃东西随意走动，可以干自己想干的事情，老师也不会干涉。可是坐在教室里的我第一天就受到很大的冲击，我发现不管是分组学习、自主练习、独立平板游戏还是听老师讲课，孩子们都极其安静，即便是小组讨论和商议，他们的声音都非常小，以至我闭上眼睛休息时，完全感觉不到自己是坐在有着30多个孩子的教室里。

　　我不禁纳闷：这些二年级的孩子为什么不会大声说话呢？难道大声说话会受到严惩？他们和其他中高年级的孩子一样，上午从8点半上到10点半，中途没有休息。10点半以后休息15分钟，然后继续上课。下午则直接从12点40分一直上到15点10分放学。他们不累吗？不困吗？不无聊得想讲点话吗？有些老师的课也并不精彩呀！他们是如何做到不随意讲话、不大声讲话的？老师们用了什么方法来帮助孩子学习自我控制？

我还有些小人之心，总猜测孩子们是不是看到有外国人在后面听课而故意表现优秀。可是直到放学，我也没发现孩子们在教室里乱扔垃圾、乱放东西，更没有丝毫的吵闹，一切都显得那么安静而有序。

揣着重重疑惑，我回到了寄宿家庭。因为我不懂英语，所以嘴用得极少，眼睛成了我了解美国家庭的主要武器。就在我的寄宿家庭里，我发现很多有意思的东西。

首先，家里四处都有家庭成员的照片。不管是独照还是合影，都被主人用相框巧妙地装饰起来，摆放在屋子各处，厨房、餐厅、客厅、卧室、过道，无处不有。只要你抬头，就能看到家庭成员在对着你微笑。

其次，我发现了悬挂在厨房显眼之处的"Family Rules"（家庭公约），上面罗列了以下内容，其中第一条就是"遵守你的诺言"；

然后依次是：

"分享"

"在你之前想想别人"

"说我爱你"

"听父母的话"

"做最好的自己"

"说请和谢谢"

"告诉我们真相"

"自我解嘲"

"经常拥抱"

"彼此相爱"

这些公约非常有意思，除了我们经常也提醒孩子学会分享、学会理解、尊重对方、不要撒谎等内容，他们还从化解烦恼的角度告诉孩子，遇到困难和难堪时，不必绷着面孔应对，而是应该巧妙地利用自我解嘲来化解。这是多么智慧而必要的提醒。

吃完晚饭，我下意识地走到洗碗槽前，拿起盘盘叉叉准备冲洗。没想到男主人走过来制止了我。他把两个男孩子拽了过来，连比带划地对我说：收拾厨房是这两个男孩子的事情，我不要帮他们做。我听说美国人做事一板一眼，不敢违逆，赶紧放下盘子站到一旁。男主人示意我看冰箱面板，我才发现面板上清晰地写着：厨房以洗碗槽为界，左边和右边分别由兄弟俩负责。哦，原来我想搞好中美关系的做法，无意中剥夺了孩子应有的劳动。我赶紧表示歉意，说"对不起"。

因为时差，刚去时睡觉和起床对我来说都是一种煎熬。大家该休息的时候，我却精神抖擞；早上起床的时间，我却睡得正酣。这既给了我痛苦，同时也给我提供了了解美国人生活习惯的大好机会。

晚上不到8点，家里70多岁的奶奶就进房间休息了，40余岁的女主人也准备上床就寝。这个时节，孩子们仍旧在干着各自的事情，玩拼图、看书，有时相约到地下室打乒乓球、玩桌球。有时父母因陪孩子们参加社区篮球比赛、橄榄球赛、学习乐器延迟休息时间。不管什么原因，不管多晚，我从来没有听到父母催促孩子上床的声音，甚至有那么一两次，我在睡梦中还迷迷瞪瞪听到室外传来打乒乓球、嬉戏打闹的声音。

晚上休息时间由孩子们自由安排，早上起床则截然相反。刚住在寄宿家庭，我就因为晚起而狼狈不堪。那是刚到的第二天早上，我睡得正香，突然感觉有什么东西在房门外发出怪异的声音。一个激灵起来，打开门，主人家的爱犬正站在我的门口。不远处的楼道上，男主人正在呼唤狗狗。我猜是主人支使狗狗来叫我。我只好狂乱地梳洗了几下就冲进餐厅，尴尬地发现，除了我，所有的人都已端坐在餐桌前，等着我吃早餐。抬头看钟，早上6点45分。一定要这么早就起床吗？去学校步行10分钟不到，哪里需要如此早起床？我一边听着他们虔诚地祷告，心里不以为然。不过为了不给咱中国人丢脸，我决定从第二天开始，早晨6点10分起床。

第三天早上，我按时起床，急匆匆来到厨房，想象着自己按时到达餐厅时大家的眼神，我自觉还不错。没想到厨房的一幕使我傻眼了：大儿子在灶台面前摆弄着烤箱、微波炉，一会儿热面包片，一会儿烤薯格。二儿子正从冰箱里捣鼓出一堆瓶瓶罐罐：奶酪、草莓酱、花生酱，苹果汁、橘子汁、梨子汁。三儿子耷拉着两条细腿坐在灶台上，揉抹着眼睛，大声地嘟囔着。可能是因为太匆忙，他们都着t恤、短裤，脚上一双袜子。

大人呢？一个也没有。

我突然觉得有些好玩：我倒要看看，没有大人在家的孩子们，他们会怎么对付他们的早餐？于是，我闲适地坐一旁旁观。我发现，两个哥哥非常照顾小弟，不仅帮他把薯格加热，而且还仔细涂抹了厚厚一层花生酱，倒了一杯冰冷的苹果汁递给他。三个人简单吃完早餐，把厨房让给了我。等我吃完早餐，准备好便当（便当非常简单，两片全麦面包里夹上一片奶酪、一片生菜，外加一小袋坚果、一个苹果、一瓶水），三个男孩又跑过来准备他们的午餐。我发现他们每个人都只拿了一盒布丁一样的罐头水果，外加一个自制的三明治和一小袋坚果。把东西放进便当盒，大家各自散去。做完这一切，时针指向7点15分。

上学时间8点10分。接下来孩子们是不是像我们想象的那样开始各自早读呢？

孩子们将书包和学习用具摆放在门口的小厅，两个哥哥凑在一起玩拼图。只见最小的男孩不知从哪里掏出一个软软的塑料小球，招呼两个哥哥一起玩。于是三个人的篮球比赛就此在客厅上演。门框上面是"篮球框"，客厅就是篮球场，三个人你传我，我丢你，大呼小叫，玩得不亦乐乎。玩得兴起，最大的男孩突然扔下球背起书包出门离去。我转头一看，时针正好指到8。接下来第二个男孩也背上书包走了。我和最小的孩子8点15分也离开了家。

路上除了往来车辆，最多的是背着书包的孩子们。可是我的心思并不在他们身上。我在严肃地思考一个问题：孩子们早上、中午吃的东西都如此简单，完全不像我们国内又是荤素又是各种微量元素的营养搭配，父母们不担心影响孩子健康？同时，吃完早餐到上学之间尚有较长时间，为什么父母们没有如中国家长一般渴望孩子能睡得更长一点儿，休息得更好一点儿？

于是，在接下来的时间，我花了较多时间观察他们的行为。我发现孩子们在家里睡觉的时间是自由的，想什么时候睡觉都行，起床时间却是固定为早上6点。为了确保孩子们能按时起床，每个房间都安了电子闹钟。时间一到，几个房间的闹钟都会准时响起。如果有孩子赖床，父亲则会到房间拽人。不管大小，一个标准。

父亲在家，由父亲做早餐。父亲不在家，孩子们自行解决。午餐都自己准备。晚餐基本是父母同做，一家人坐在一起吃饭聊天。相对于早餐的简单，午餐的随意，晚餐显得要稍微隆重点，不过也永远是一个主食、一个菜、一个肉，外加一杯水。所有的菜和肉里基本没有油水。食物数量控制严格，孩子们并不能随心所欲地吃。即便有剩余也不会倒掉，装进塑料盒里，下一顿接着吃。有时遇到特别好吃的东西，有孩子想多吃点，面对父亲温和坚定的拒绝，孩子也只有作罢。当然他们特别喜欢甜度惊人的饮料。

在学校，不管是英文课、中文课、法文课还是西班牙语课，所有的老师都非常具体而细致地建立了班级规章制度，这些制度涵盖了孩子们坐姿、发言、和同学交流、阅读、排队、游戏等各个方面，甚至连上厕所都有非常明确的步骤要求。其宗旨就是不能影响他人，每一个孩子都必须遵守。如果不遵守相应的规则，就要受到一定的惩罚。惩罚包括失去课间休息时间，留下来写反思，打电话请家长到学校，甚至有的学生为此被扣掉零花钱。表现好的孩子不仅获得教室里一小块墙壁自由展示自己，还可以获得早上提前进教室帮助老师整理教室、校长签名赠书、上台讲话等奖励，个别班还给出了相应的物质和金钱激励。班级规则都张贴在教室显眼之处，下面是孩子们的签名。

这些细致的规章制度保证了学校从大环境到小环境持续的安静和整洁，还有许多简洁有效的措施帮助孩子们践行并约束他人。记得在举行中国年迎新活动之时，几百个孩子坐在活动大厅里等待表演。这时我看到很多孩子举起右手的大拇指、食指和小拇指，中指和无名指紧贴着手心。旁边的老师告诉我，这个手势表示"我想要安静"。原来老师们不站在学生背后是因为学生们知道如何表达自己的诉求。

那么家庭又是如何实践规则的呢？正如我前面聊到的家庭事务分工，我询问了几个家庭，他们均表示家里不仅有《家庭公约》，而且有具体分工。比如我所在的寄宿家庭的三个小孩，早上大儿子负责开窗，二儿子收拾餐桌，喂狗放狗出门则是小儿子的任务。晚上大儿子收拾餐桌，二儿子和小儿子则整理厨房。

也有的父母聊到他们的孩子在完成任务方面有待加强，但是他们都不约而同地谈到《家庭公约》的重要性。他们认为，家庭是孩子成长的立足点，规则意识必须从小建立。只有从小都有较强的规则意识，以后才能遵从学校和社会的要求。由于小学低段孩子年龄较小，正是规则养成期，所以父母们较少针对孩子的不自觉行为做出惩罚，更多给以鼓励和提醒。随着年龄的增长，父母对孩子的规则要求逐渐提高，这时候对孩子就有了明确的规定。违反规定，就会受到一定惩戒，禁止看电视、扣除零花钱和禁足都是有的。

美国家庭和学校最重视的是什么呢？刚开始，我觉得是规则。慢慢地，我明白了，是在规则保障下的界限。界限之内，所有人都必须遵守，界限之外，是个人由此获得的权利。选择休息时间是自己的权利，所以什么时候睡觉，父母无权过问；第二天要上学，为了保证时间，不因为迟到影响老师和同学，所以必须按时起床。吃什么、怎么吃是自己的选择，父母无权干涉，所以孩子们可以中午只吃一袋薯片或者在学校打一份棉花糖或者一个冰淇淋球，但是作为正餐的晚餐，父母则需要保证孩子必需的营养；家庭是家人的核心，因此所有人都必须回家吃晚餐；教室里，讲话、乱扔东西，那样势必影响他人，肯定不能做；无声地吃零食、躺着看课外书、蹲在课桌上讨论都是自己学习最舒服的姿态，作为权利必须被允许……

要想自己的权利不被侵犯，必须要有细致的条款保证自己不侵犯他人权利。老师、学校、父母、家庭，每个人都站在自己的岸边，帮助孩子树立规则意识，维持分明的界限。懂得不越过边界，正是为了保证家庭和成员之间的协调、教室里的安静有序和马路上的安全放心。

这就是在对美国教育的细微观察中我得到的启示。